KB188701

공간 에너지가
운명을 바꾼다

N포에서 N-be로

공간 에너지가 운명을 바꾼다

| 한금택 지음 |

굿모닝미디어

프롤로그 :

공간이 운명을 바꾼다

나의 20대는 절망적이었다. 햇빛 한줄기 없는 어두운 방에서 생활해야 했던 가난한 어린 시절, 그때는 공간이 주는 힘을 몰랐다. 집안은 비좁아 어둡고 축축했다. 친한 친구가 집에 놀러 오고 싶다고 말하면 손사래 쳐야 했다. 학업도 자존감도 바닥인 채 어린 시절을 보냈다.

학비가 그나마 저렴한 지방대를 선택해야 했기에 자취는 필수였다. 낡고 협소한 공간, 다섯 걸음이면 끝나는 그 방은 처음엔 절망의 상징처럼 느껴졌다. 월세 15만 원을 벌기 위해 신문 배달 아르바이트를 하면서 생각했다. 그렇게 고생해서 방세를 버는데, 이 방이 그만큼의 가치를 주고 있는 걸까? 아무리 생각해도 15만 원의 가치를 주는 것 같지 않았다. 너무 아깝다는 생각이 들었다. 대신에 방이란 공간에서 15만 원 이상의 가치를 얻으려면 무엇부터 해야 할까를 고민했다. 2평짜리 작은 방에서 얻을 수 있는 건 많지 않으나 공간을 최대한 깨끗하게 만들어 호

텔방 같은 쾌적함이라도 누리자고 결심했다. 겨우 바닥과 구석을 청소하고, 몇 안 되는 가구 배치가 전부였지만 그 효과만큼은 놀라웠다. 그때의 작은 결심 하나가 공간 에너지를 발견하는 계기가 되었고, 그것이 이후의 삶 전체를 더욱 에너지 있게 바꾸는 결정적 순간이 되었다. 공간은 사색하고 사유하는 공간을 넘어 내 삶을 구축해 나가는 공간으로 확장됐다.

공간이 에너지라니! 믿어지는가? 모든 것이 잘 정돈되고 질서가 잡힌 공간에 들어서는 사람은 자신의 옷매무새를 만진다. 자신도 모르게 공간과 동기화되는 것이다. 공간의 질서가 그곳에 있는 사람의 사고방식을 결정한다. 공간이 감정을 조율하고, 정돈된 감정은 행동과 직결된다. 공간의 에너지가 자신의 운명을 좌우할 수 있다. 사람과 공간은 공명을 이루며 동기화된다. 사람이 공간으로부터 에너지의 영향을 받는 원리는 공명 때문이다. 이 원리는 수많은 철학자와 건축학자에 의해 주장되어 온 성찰이기도 하다.

마르틴 하이데거(Martin Heidegger)는 "공간은 인간의 사고, 감정, 행동을 담아내는 그릇"이라고 했다.

청춘 시절의 나는 3포가 아닌 N포였다. 그러나 나는 공간의 에너지를 이용하는 법을 알고 난 후, 그 모든 장애를 극복하고 지금의 N-be(원하는 모든 것을 이루다)가 되었다. 매력 없던 내가 공간의 에너지로 애인을 사귈 수 있었으며, 공간의 에너지를 지속해 충전함으로써 직장에서 무패승진이 가능했다. 공간의 속성과 기능을 완전히 파악했을 때 경제적인 여유도 가질 수 있었다.

공간을 트랜스포밍(Transforming) 하면 내가 바뀌고, 내가 변하면 운명이 달라진다.

그 이유는 공간도 에너지이기 때문이다. 방에서, 집에서 사무실에서, 움직이는 지하철에서조차 공간의 에너

지는 작동한다. 나는 아주 작은 트랜스포밍을 통해 공간이 좋은 에너지를 풍부하게 뿜어낼 수 있도록 했고, 그 에너지는 언제나 나의 목표를 이루게 해주었다. 잊지 말아야 할 것은 공간은 긍정 에너지뿐만 아니라 부정 에너지도 발산한다는 사실이다. 그곳에 머무는 사람이 그 공간을 어떻게 구성하고 질서를 주는가에 따라 공간은 부정의 에너지 또는 긍정의 에너지를 발생시킨다.

혼자만의 사랑이 생겼을 때 역시 공간의 에너지를 이용했다. 밝고 멋진 공간은 나의 초라함을 덮을 만큼 충분한 에너지를 발산했다. 그런 에너지를 풍부하게 발산하는 카페를 찾기 위해 많은 곳을 찾아다녔다. 지금은 인터넷 검색으로 카페의 분위기와 실내 상태, 조명 등을 금세 파악할 수 있지만, 30년 전의 나는 스스로 김정호 선생이 되어야 했다. 나를 위한 존재의 공간을 찾아 나섰기에 조건은 매우 까다로웠다. 우선 창이 넓어야 했고, 햇살은 충분히 실내까지 들어와야 했다. 바닥엔 아무것도 깔리지 않고 깔끔해야 했다. 실내는 쾌적함을 유지할 정도로 넉넉해야 했고, 테이블과 테이블 사이도 적당한 공간이 있어야 했다. 의자는 나무 재질이어야 했고, 너무 가볍거나 흔들거리지 않고 고급스러워야 했다. 온 시내에 있는 카페를 다 뒤진 뒤에야 어린 왕자 같은 나는 마음에 드는 카페를 찾아냈다.

청춘 시절의 내가 카페 찾기에 집착했던 이유는 지금의 아내와의 첫 데이트 때문이었다. 다행히 당시 여자 친구는 아늑하고 밝은 공간을 찾는 어린 왕자를 좋아해 주었다. 우리는 늘 그 카페에서 만났고. 만남은 언제나 즐거웠다. 별 볼 일 없던 가난한 청년이 기댈 수 있었던 것은 좋은 공간을 발견하는 일이었고, 그 작전은 생각보다 훨씬 더 효과적이어서, 7년 후 우리는 결혼했다.

취직한 이후로도 나의 공간 애착은 더 깊어졌다. 업무

가 끝나면 테이블 위에 아무것도 남겨 두지 않았다. 이런 나를 의아해한 부장님이 어느 날 내 자리로 찾아와 퇴사 준비 중이냐고 진지하게 물으셨다. 그런 나는 다음날 출근해서도 노트북과 필기구를 책상에 꺼내 놓는 의식을 치르며 오늘은 뭘 해야 할지를 떠올렸다. 정리된 나만의 업무공간을 갖췄기에, 나는 언제나 남들보다 빠르게 움직일 수 있었다. 마흔여섯, 비교적 젊은 나이에 나는 상무로 진급했다. 운도 있었겠지만, 공간이 나에게 주는 에너지가 없었다면 불가능한 일이었다.

공간의 결정체인 집을 구할 때 내부 공간의 크기는 과감히 포기했다. 대신에 '각'이 정확히 서 있는 집을 선택했다. 각이 불분명한 집은 물건 배치는 물론, 청소할 때조차 불편함을 느끼게 된다. 공간에 질서를 부여하기 어려운 구조의 집에서는 사람이 공간의 주인이 되기가 어렵다는 것을 익히 알고 있었다. 공간에 대한 유별난 애착은 집안에서도 언제나 밝고 쾌적한 에너지를 발생시켰다. 우리 가족은 그 에너지를 발전시켜 조금씩 더 좋은 공간을 만들어 갈 수 있었다.

공간이 주는 에너지는 경제적 도전과도 밀접한 관련이 있다. 탄탄한 공간이 주는 안정감은 직장에서도, 개인적인 투자 결정에서도 과감한 도전을 할 수 있는 버팀목이 되어 주었다. 청춘 시절의 나는 N포였지만, 지금의 나는 공간의 힘을 이용해 더 다양한 영역에서 더 많은 도전과 성취를 이루고 있다. 오랫동안 쌓아온 나만의 공간 구축 노하우를 회사라는 공간에서 거대한 프로젝트로 발전시켜 나가고 있다.

이러한 트랜스포밍 프로젝트는 나만을 위한 것이 아니라 앞으로 2030 후배들의 몫이다. 이 책에서 제안하는 프로젝트를 후배들이 완성하여 앞으로 10년 이상 지속적으로 수익을 창출하고 회사라는 공간에서 발전할 수 있기

를 기대한다.

3포를 넘어 N포를 강요받고 있는 2030 젊은 후배들에게 '아프니까 청춘이다'라는 말은 위로가 아니다. 비슷한 고민과 시행착오를 30년 앞서 겪으면서 깨닫게 된 '공간=에너지'라는 비밀. 이것을 후배들에게 알려주는 일이 선배인 나의 의무라고 생각한다.

이 책이 인류가 인류에게 도구를 전달했던 방식처럼 투박하고 거칠더라도 자신의 목적을 향해 오늘도 달리고 있는 2030 후배들에게 작은 횃불이 되기를 바란다. 공간이 나를 바꾸었듯, 지금 이 시대의 2030 젊은 후배들도 공간의 에너지를 통해 운명을 바꿀 수 있다고 믿는다.

1장 ______ 세상을 담는 그릇 '공간'

차례

2장 ______ 아지트 : 아낌없이 주는 공간

3장 ______ 공간 에너지 : 공간이 주는 힘

4장 ______ 리포밍 : 공간을 바꾸면 인생이 바뀐다

5장 ______ 본진 : 직장인의 전략적 공간

6장 _______ 소유 : 공간 향유를 극대화하는 법

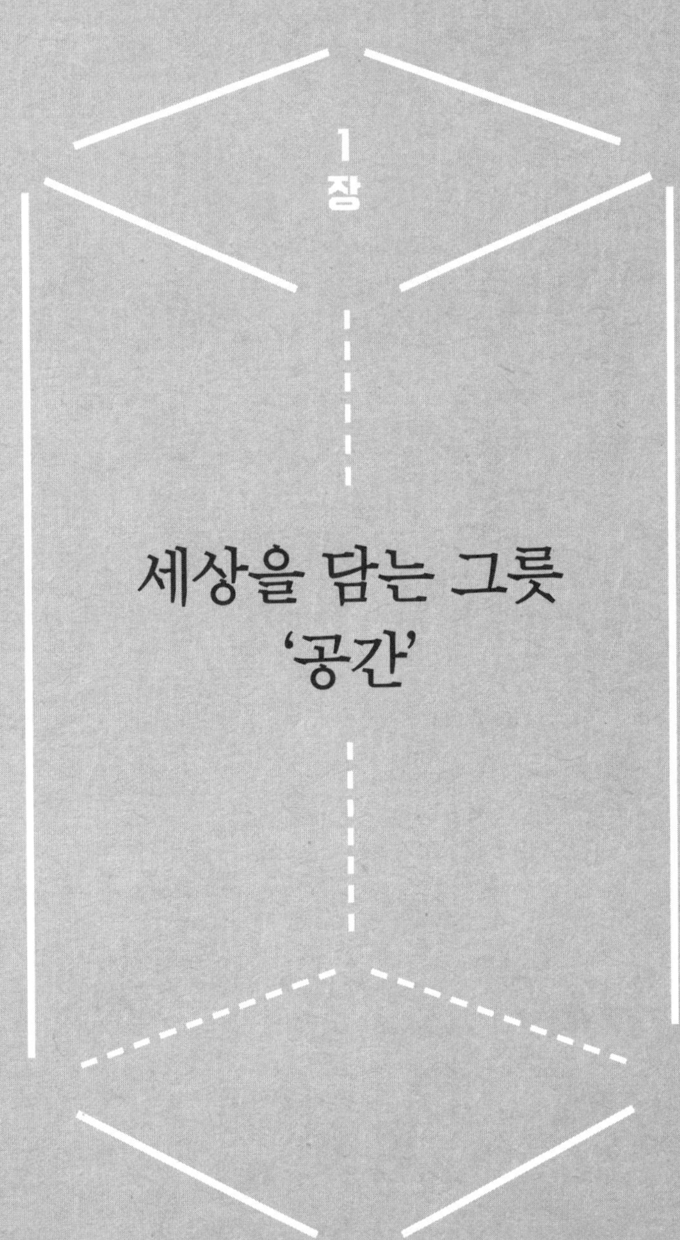

1
장

세상을 담는 그릇 '공간'

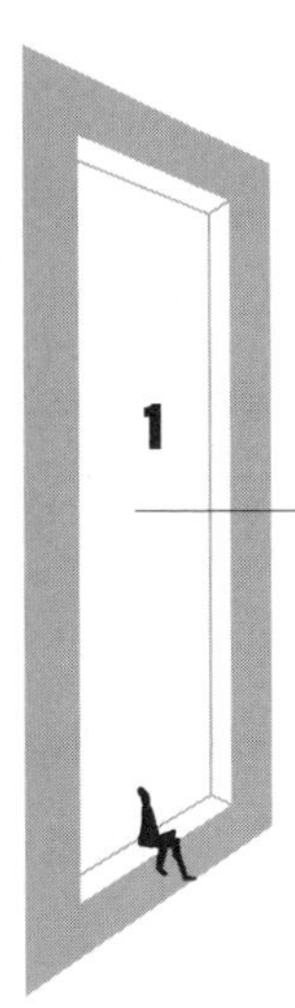

1 공간의 진짜 의미

공간이란 무엇일까? 우리는 공간을 공기처럼 당연하게 받아들이지만, 공간은 결코 단순하지 않다. 공간은 인간이 살아가는 환경이자 머무는 모든 곳을 의미하지만, 동시에 우리의 사고방식과 존재 방식에 깊이 관계한다.

30년간 직장인으로 살아오며 깨달은 것은 공간이 단순한 물리적 장소가 아니라는 점이다.

'공간은 곧 에너지다.'

공간이 주는 에너지를 어떻게 활용하는가에 따라 삶이 달라진다. 좋은 공간에서 일하면 창의성이 발휘되고, 잘 정리된 공간에서는 집중력이 향상된다. 반대로 어지럽고 혼란스러운 공간에서는 생산성이 떨어질 뿐 아니라 삶 전체가 우울해진다.

이러한 경험은 단순히 빛 좋은 집에 살면 복이 들어온다는 이야기가 아니다. 공간과 인간의 관계에 대한 본질적인 통찰이다. 공간은 우리의 생각을 반영할 뿐만 아니라, 우리의 에너지를 조절하고, 더 나아가 우리의 미래를 만들어 준다. 그래서 나는 공간이 곧 에너지라 정의한다. 공간을 에너지가 흐르는 곳으로 바꿀 수 있다면 삶도 발전시킬 수 있다는 것이다. 고대 철학자들의 공간에 대한 정의가 나의 성찰을 뒷받침하고 있다.

플라톤은 공간을 이데아가 구현되는 장(場)으로 보았고, 아리스토텔레스는 공간을 사물이 위치하는 물리적 장소로 정의했다. 칸트(Kant)는 공간을 인간이 세상을 인식하는 선험적 형식이라고 보았으며, 하이데거는 "존재는 공간 속에서만 실현된다"고 주장했다.

즉, 우리는 공간을 점유하는 것이 아니라 공간 속에서 비로소 존재한다.

즉 철학적 관점에서 볼 때, 공간은 단순히 빈 곳이 아니라 우리가 삶을 펼치는 무대라는 것이다. 그러므로 공간을 어떻게 채우는가에 따라 우리의 삶이 달라질 수 있다는 정의는 철학자들의 주장과 궤를 같이한다. 삶을 디자인하는 것은 곧 공간을 트랜스포밍(Transforming) 하는 것과 같다. 공간을 통제하고 활용하는 것은 존재를 규정하는 행위가 된다는 것이 공간에 대한 철학자들의 일관된 주장이다.

공간에 대한 열띤 관심과 탐구는 과학자들도 뒤지지 않는다. 뉴턴(Newton)은 공간을 과학적인 관점에서 최초로 정의했다. 뉴턴의 '절대 공간' 개념은 공간이 독립적으로 존재하며, 우리가 그 안에서 움직이는 방식은 물리법칙에 의해 결정된다고 설명했다. 뉴턴은 공간은 변하지 않으며, 사물을 담을 수 있는 그릇과 같은 역할을 한다고 정의했다.

하지만 20세기 초 아인슈타인(Einstein)은 이를 뒤집었다. 상대성이론에 따르면 공간은 더이상 절대적이지 않다. 공간은 시간과 결합해 '시공간'을 형성하며, 중력에 의해 휘어지기도 한다. 즉, 공간은 우리가 생각하는 고정된 그릇이 아니라, 유동적이며 변화하는 개념이다.

$E=mc^2$

인류의 운명을 바꾼 아인슈타인의 질량-에너지 등가의 법칙에 따라 질량은 에너지로 바뀐다. 그렇다면 물질로 이루어진 우리의 공간도 에너지라는 주장이 성립하지 않을까? 공간도 에너지라면 우리가 이 에너지를 어떻게 활용하고 구조화하는가에 따라 완전히 다른 일상을 살아갈 수도 있지 않을까? 이런 주장이 논리적 비약일 수도 있겠지만, 우리가 경험하는 현실 그 자체와 공간이 서로 밀접한 관계에 있다는 것만큼은 부정할 수 없다.

공간을 물리적 공간에서 에너지원으로 해방시키고 나면 다양한 관점으로 공간을 해석할 수 있다.

공간으로써 가장 작은 원자가 될 수 있는 '방'은 나만의 물리적 공간으로, 질서를 부여하고 나의 목적을 이루게 해주는 강력한 도구가 된다. 문을 닫으면 또 하나의 문이 열리듯 나만의 공간에서 나가면 곧 사회와 연결되는 공간으로 확장된다.

9시까지 출근해서 업무를 시작해야 하는 공간, 즉 '회사'의 업무 데스크는 거대한 톱니바퀴에 속한 부품으로서의 공간이 된다.

자본주의 관점에서 공간은 곧 '자본의 형태'로 그 모습을 바꾼다. 그래서 강남 최고급 아파트의 공간과 시골의 농가는 전혀 다른 가치를 지니게 된다.

이렇듯 공간은 그곳에 머무는 사람의 생각과 목표에 따라 전혀 다른 모습으로 존재한다. 특히 전략적 목적을 가진, 나의 목표를 실현하기 위한 공간을 나는 '본진'이라는 개념으로 본다. 군 복무를 한 사람이나 게임을 꽤 해본 사람은 알 것이다. 본진은 개인과 사회 그리고 목표달성 측면에서 더 많은 의미를 내포하는 또 하나의 공간이다.

'본진'이란 전략적 공간은 생과 사를 결정하기도 하고, 자신의 목표를 실현하는 곳이다. 전투에서 본진은 적으로부터 가장 안전한 곳에 설치된다. 본진이 무너지면 싸움에서 아무리 우위를 점하고 있더라도 그 전쟁에서 패하기 때문이다. 그러므로 본진의 역할은 전략을 짜고, 자원을 비축하고, 사지에서 진격명령을 내리는 것이다. 우리에게 본진이 없다면 삶은 무의미하다. 본진을 만들고 자신의 삶을 더 단단하게 성장시켜 나가는 것이 실패를 극복하고, 자멸하지 않고 살 수 있는 유일한 길이기 때문이다.

공간을 단순히 물리적 장소로 볼 것인가, 아니면 삶을 변화시키는 에너지원으로 볼 것인가? 이는 우리가 공간을 대하는 태도에 달려 있다. 철학적 관점에서 공간은 인간의 존재 방식이고, 과학적 관점에서 공간은 유동적이며, 2030 세대에게 공간은 자유로운 경험의 장이다. 그리고 나에게 공간은 에너지를 얻고 성장할 수 있는 본진으로서의 나 자신이다.

결국, 공간이란 각자가 어떻게 정의하고 활용하는가에 따라 무한한 가능성을 품고 있다는 것이다.

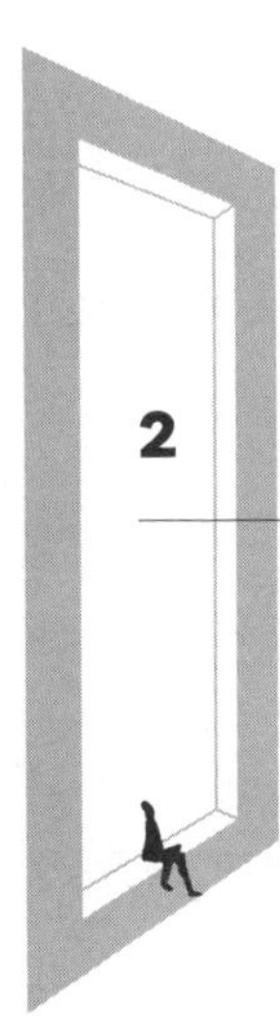

2 바보야! 문제는 공간이라고

"첫 단추를 잘못 끼우면 마지막 단추까지 잘못 끼워진다."

괴테가 남긴 이 경고는 삶의 방향을 결정하는 작은 선택이 결국 인생의 전체 여정을 좌우할 수 있다는 뜻이다. 하지만 종종 이 단순한 진리를 잊는다. 삶의 첫 단추를 바르게 끼우는 데 집중하기보다, 엉뚱한 곳에서 해결책을 찾거나 목적지를 에돌아가는 경우가 많다. N포 세대는 특히 이러한 문제에 직면해 있다. 그러다 보니 취업, 결혼, 내 집 마련, 심지어 꿈과 희망까지 포기해야 한다는 압박 속에서 방황한다.

처음에는 연애, 결혼, 출산 세 가지를 포기한 세대를 뜻하는 삼포 세대로 시작해, 포기하는 항목이 늘어나면서 오포 세대(삼포+취업, 주택), 칠포 세대(오포+인간관계, 꿈) N포 세대로 확장되었다. 2030 세대들은 경제적 요인과 사회적 요인, 심리적 요인 때문에 N포를 할 수밖에 없는 안타까운 시대에 살고 있다.

하지만 조금 더 N포 현상을 자세히 살펴보면, N포 세대가 각각의 욕구들을 단순히 독립적으로 포기하는 것이 아니라, 경제적 요인(취업 → 내 집 마련 → 결혼 → 출산), 사회적 환경(높은 경쟁 사회→가치관의 변화), 심리적 압박(취업→ 연애 → 꿈)이 상호작용함에 따라 그들의 포기 현상이 연쇄적으로 일어난다는 것이다. 이는 개인의 기본 욕구 포기에서 시작해 점차 고차원적인 욕구를 포기하는 형태로 진행되는데, 한국 사회의 구조적 문제를 집약적으로 보여주는 현상이다.

하지만 이런 현상을 사회 구조적 문제로 치부하고 2030 세대에게 N포가 당연하다며 위로하거나 서둘러 덮어버리는 것은 기성세대의 도리가 아니다. 같은 세대를 똑같이 느끼고 절망하며 겪어온 선배라면 당연히 자신이 풀었던 그 문제에 대한 해답을 후배들에게 알려줘야 할 의무가 있다.

N포를 하는 문제들이 개별적인 것이 아니라 상호 연결되어 나타나는 현상이라면, 분명 그 첫 단추에 근본적인 문제가 있을 것이다. 2030 세대는 취업만이 경제적인 문제와 심리적인 문제의 근본적인 원인이라 생각하고 취업에만 매달린다. 하지만 취업으로 N포의 모든 문제를 해결할 수는 없다. 많은 2030 직장인들이 길을 잃고 여전히 N포 하는 중이기 때문이다.

대기업에 취업한 신규 입사자 중 16%가 1년 내 퇴사하는 것으로 알려져 있다. 중소기업 상황은 더욱 안 좋다. 직장인 66%가 1년 내 퇴사를 해 봤다고 한다. 취업이 N포의 근본적인 해결책이라면 퇴사가 아니라 연애든, 결혼이든 다음 단계로 넘어가야 맞다. 2030 세대의 입사 후 퇴사하는 상황은 취업이 곧 N포의 근본적인 해결책은 아니라는 것을 입증한다.

N포를 포기하게 할 근본적인 해결책은 멀리 있지 않다. 포기가 아닌 N-be(원하는 모든 것을 이루다)가 될 수 있

는 확실한 대안은 자신이 발 딛고 서 있는 곳, 바로 '나만의 공간'에서 시작하는 것이다.

'해답은 멀리 있지 않다'

많은 2030 후배들이 N포를 해결하기 위해 엉뚱한 곳에서 해결책을 찾고 있다. 좋은 직장을 얻는다면, 더 나은 연애를 시작한다면, 새로운 도시로 이사한다면 삶이 달라질 거라고 믿는다. 하지만 이러한 접근은 모든 일의 마지막 단추를 끼우고 나서야 비로소 첫 단추가 잘못 끼워졌음을 깨닫게 만든다. 그리고 그때는 너무 많은 것을 포기한 뒤일지도 모른다.

하지만 나만의 공간을 만들고 그곳에서 질서를 새로 세우면 모든 일에 기본적인 에너지를 공급할 수 있다. 여기서 말하는 공간이란 물리적 공간을 포함한 자신만의 세계를 뜻한다. 자신만의 공간이 취업을 해결할 수 있고, 애인을 만들 수 있고, 결혼과 출산도 가능하게 만드는 가장 기본적인 삶의 엔진이다. 그 이유는 공간에서 에너지가 만들어지기 때문이다.

나는 오랫동안 열심히 준비했던 기술사 시험에 떨어졌던 적이 있다. 친구들의 위로도, 술도 그 무엇도 방전된 에너지를 채워주지 못했다. 터벅터벅 집에 돌아왔다. 잘 정리된 깨끗한 내 방에서 오랫동안 혼자 앉아 있었다. 아무것도 할 수 없을 만큼 우울하고 무기력해 있던 나에게 방이라는 공간은 서서히 좋은 기분과 에너지를 충전해주었다. 다음날 침대로 들어오는 아침 햇살을 맞으며 아무렇지 않게 일상을 다시 시작할 수 있었다.

나는 나의 공간을 사랑할 수 있게 더 깨끗하고 더 질서 있게 만들었다. 이런 예배 의식과 같은 일들을 계속하면 할수록 내 안의 나쁜 에너지는 사라지고 그 무엇이든 다시 도전할 수 있는 에너지를 얻을 수 있었다. 취직하는 것도, 애인을 만드는 것도, 집을 사는 것도, 결혼하는 것도 실패에 뒤따르는 재도전이 필요하다. 그러기 위해서는 화수분과 같이 끝없이 솟아나는 에너지가 필요하다. 그 에너지의 생산지가 바로 나만의 공간이다.

나만의 공간을 구축하고 그곳에 질서를 만드는 일이 모든 일의 시작점, 즉 첫 단추라고 확신한다. 그곳은 내가 무엇을 원하는지, 어떤 삶을 살고 싶은지 고민할 수 있는 안전한 피난처이며, 새로운 가능성을 만들어가는 출발점이다.

그 공간을 어떻게 구성하고, 어떻게 만들어 가는지는 3장과 4장을 통해 자세히 알아보자.

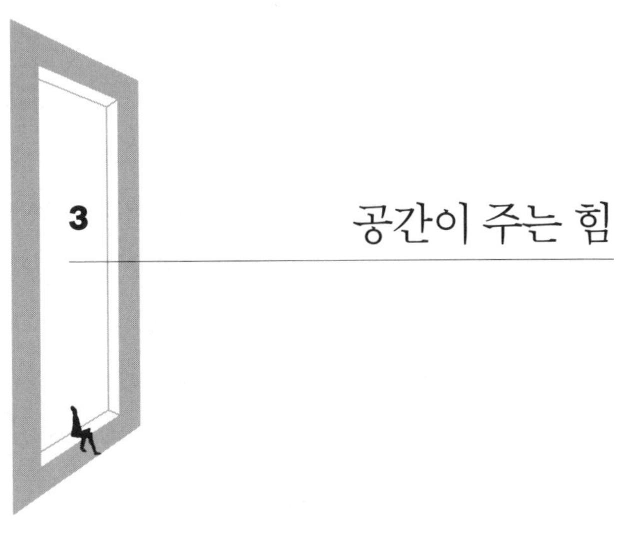

3 공간이 주는 힘

약속 시간보다 30분 일찍 삼청동에 있는 '편안한 집'이라는 한정식 식당에 도착했다. 카운터에서 이름을 대니 홀 테이블이 아닌 안쪽 깊은 방으로 안내했다. 가지런히 놓여있는 묵직한 놋쇠 숟가락에 맞춰 한금택 과장은 빈 방에서 오랫동안 차려 자세를 유지했다. 식당 이름이 '편안한 집'이었지만, 나는 그 이름에 전혀 동의할 수 없었다.

잠시 후 이사님이 호탕하게 웃으며 방으로 들어오셨다. 일단 웃으시니 안심이 됐다.

'최소한 이 자리가 나쁜 일 때문은 아니겠구나.' 그러자 어깨 근육이 풀어졌다.

임원이 업무공간이 아닌 식사 자리에서 직원을 만나려는 것은 많은 의미가 내포되어 있다. 임원이 밥을 사겠다는데 정말 밥만 맛있게 먹고 돌아가는 직원은 아마 흔치 않을 것이다. 중요한 승진 문제일 수도 있고, 성공리에 끝마친 프로젝트를 치하하고 또 다른 일을 맡기려는 계산일 수도 있다. 사무실에서는 쉽게 말할 수 없는 나쁜 일 이야기를 분위기 있는 식당에서 알리려는 계산일 수도 있다. 불편한 관계에 있는 다른 직원의 험담을 확인하기 위한 까다로운 탐색 자리일 수도 있다. 이직을 마음먹은 유능한 직원을 달래려고 직원의 의향과 심리상태를 조심스럽게 알고자 하는 매우 비밀스러운 자리는 보통 딱딱한 집무실이 아닌 고급스러운 레스토랑이나 일식집에서 이루어진다.

이럴 때 임원은 공간을 바꾸는 순발력을 발휘한다. 정상적인 임원이라면 집무실로 직원을 불러내 할 일 없이 요즘 골프는 잘되느냐는 투의 농담을 주고받지 않는다. 업무공간에서는 상하 관계가 명확해지기 때문이다.

임원은 앉아 있고, 나는 선다. 그는 지시하고 나는 대답한다.

업무공간에서 상사는 고압적인 자세를 취하고, 직원은 공손한 태도가 자연스럽게 만들어진다.

하지만 업무공간이 아닌 식당 같은 일상의 공간이라면 그 자리에 머무는 사람의 태도가 달라진다. 업무공간에서는 하늘 같은 회사 임원이어도 조용한 한정식당에서는 좀 더 개인적인 자세를 갖게 된다. 가끔 같은 접시에 임원과 직원의 젓가락이 아슬아슬하게 마주칠 뻔 하기도 한다. 상하 관계보다는 한 사람의 인간 대 인간으로 마주한다. 가끔 서로 말도 안 되는 농담을 주고받으며 과도한 웃음소리를 내기기도 한다. 임원이 마시는 술과 직원이 마시는 술이 같다. 사적이고 폐쇄된 공간은 서로를 더욱 가깝고 친숙하게 당겨준다. 서로 가족에 대한 안부와 개인적인 일상과 생각들을 공유한다.

공간이 주는 힘은 강력하다.

공간은 우리의 삶과 행동에 깊은 영향을 미친다. 우리는 특정한 공간에 발을 들이는 순간 그 공간의 에너지를 흡수하며, 그에 맞는 행동과 사고를 하게 된다. 교회에 들어설 때 자연스럽게 목소리를 낮추고 경건한 마음가짐을 가지는 것처럼, 축구 경기장에서 우리는 환호와 함성으로 가득 찬 에너지의 일부가 된다. 공간은 단순히 물리적인 장소가 아니라 우리의 정서와 행동을 이끄는 무형의 힘을 가지고 있다.

공간이 주는 영향력은 심리학과 건축학에서 여러 차례 연구된 바 있다.

"우리가 공간을 만들지만, 그 후에는 공간이 우리를 만든다(We shape our buildings; thereafter they shape us)."

윈스턴 처칠(Winston Churchill)은 공간과 인간 행동의 상호작용을 강조했다. 또한, 인류학자 에드워드 홀(Edward Hall)이 제안한 '프록세믹스(Proxemics)' 이론은 공간이 인간관계와 행동에 미치는 영향을 체계적으로 분석한 중요한 연구이다. 이 이론에 따르면, 물리적 거리와 공간 구성은 우리의 사회적 관계를 규정하고, 심리적 안정감에 큰 영향을 미친다.

생각해보면 우리의 일상 속에서도 이러한 공간의 힘은 언제나 존재한다. 도서관은 조용한 사고와 집중력을, 카페는 창의적인 영감과 여유를 불러일으킨다. 심지어 집

안에서도 침실은 휴식을, 주방은 활력을, 작업 공간은 생산성을 제공한다. 이러한 공간들은 단지 우리가 머무는 장소가 아니라, 우리 내면의 상태를 조율하고 삶의 리듬을 형성한다.

이처럼 공간이 우리의 행동과 태도에 미치는 막강한 힘을 이해한다면, 우리는 스스로 자신에게 질문해볼 필요가 있다. "나는 어떤 공간에서 살고 있는가?" "내가 원하는 삶을 이루려면 어떤 공간이 필요할까?" 이러한 질문은 단순히 집을 꾸미거나 인테리어를 바꾸는 것을 넘어, 우리의 삶과 꿈을 반영할 공간을 창조하는 데까지 이어져야 한다.

윈스턴 처칠의 말이 사실이라면 내가 늘 거주하는 나만의 공간인 방은 그저 단조롭고 아무렇지 않은 생활공간이 아니라 나의 미래를 결정하는 매우 강력한 운명이 될 수 있다는 것이다. 그렇다면 지금 나만의 공간에 대해 다시 한번 진지하게 생각해볼 필요가 있다.

지금 내가 일상적으로 사용하는 우리 집 공간이 나의 가치와 목표를 담은 성소가 되고 있는가? 그 공간에 들어서면 내가 원하는 미래를 향한 자세를 가다듬게 하는가?

예를 들어, 창작을 꿈꾸는 사람이라면 조용히 집중할 수 있는 작업실이 필요할 것이다. 그곳에는 영감을 주는 책, 창의력을 자극하는 음악, 그리고 자유롭게 생각을 펼칠 수 있는 여백이 있어야 한다. 반대로 치열한 업무에서 벗어나 평화를 찾고자 하는 사람이라면, 따뜻한 색감과 편안한 가구로 꾸며진 휴식 공간을 마련하는 것이 좋다.

중요한 것은 공간을 단순히 외적인 모습으로 채우는 것이 아니라, 그 공간에 들어갔을 때 나의 삶의 방식을 지지하고 강화할 수 있도록 만드는 것이다. 우리가 살아가는 물리적 공간은 우리의 태도와 자세를 결정짓는 무대가 된다. 그러므로 그 공간이 나의 꿈과 조화를 이루도록 트랜스포밍 해야 한다.

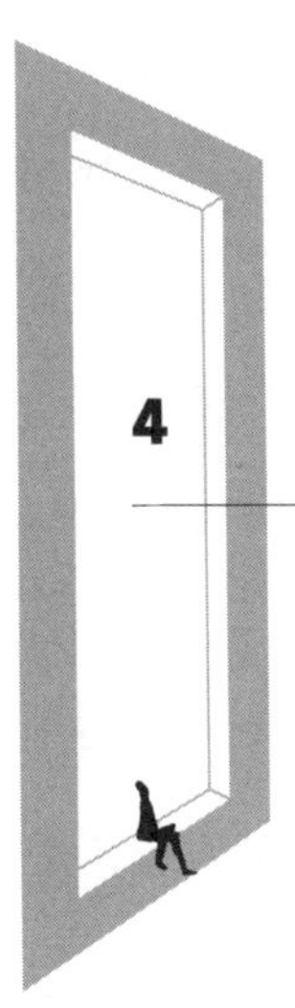

4 공간 트랜스포밍 하기

"내일은 내일의 태양이 뜬다"는 말은 영화 <바람과 함께 사라지다>에서 전쟁 속 역경을 견디며 희망을 품는 여주인공 스칼렛 오하라(Scarlett O'Hara)가 남긴 말이다. 스칼렛은 고통스러운 과거에 집착하지 않고 미래를 향해 새로운 날을 기대하며, 자신의 삶을 개척해 나가는 진취적인 모습을 보여준다.

하지만 우리의 현실은 어떠한가? 현실은 오늘과 똑같은 내일의 태양 아래, 반복되는 하루를 살아가는 경우가 흔하다. 특히, 삶에 지쳐 오늘보다 더 나은 내일을 기대하기 어려운 2030 직장인들의 현실은 안타깝기만 하다.

'집'이라는 공간을 새롭게 정의하고, 미래를 준비할 플랫폼으로 변화시켜 보는 것을 조심스럽게 제안한다. '집'이라는 개인적이고 편안한 공간을 회사 못지않은 생산성 높은 공간으로 리포밍 한다면 분명 오늘보다 나은 내일을 기대할 수 있다.

직장인들에게 '집'이라는 공간은 단순히 '충전'의 장소로 머물 뿐, 그 이상의 가능성을 열어주는 도구로 잘 활용되지 못하고 있다. 그러나 사실 집은 그 자체로 무한한 가능성을 지닌 플랫폼이 될 수 있다. 문제는 우리가 그 잠재력을 제대로 활용하지 않는다는 점에 있다.

일반적으로 우리가 사용하는 공간은 개인적인 생활을 위한 집과 직장이라는 공간으로 나뉜다. 집은 쉬기 위한 공간, 회사는 일하기 위한 공간으로 명확히 구분되곤 한다. 이렇게 공간을 명확히 구분하는 이유는 직장에서 받은 스트레스를 집에서라도 덜고 편히 쉬며 재충전하려는 절박한 노력 때문이다. 나 또한 그것을 이해한다.

직장인들은 매일 아침 6시에 기상해 출근 준비를 하고, 오전 9시부터 오후 6시까지 회사에서 일하며 소비자를 위한 상품과 서비스를 만들어낸다. 직장에서의 생산 활동은 개인의 성장이 아닌 조직의 톱니바퀴 역할에 그치기 쉽다. 하루 중 대부분을 직장에서 보내지만, 그곳에서 정작 자신의 성장과 미래를 위한 시간 투자와 노력은 불가능하다. 그렇다면 자신의 개인적인 성장을 위한 시간과 장소는 어디에서 찾아야 할까?

'집'이라는 공간은 사람이 거주하는 곳을 의미한다. 이곳은 직장인들에게 소비와 휴식의 장소로 여겨질 뿐, 생산의 개념은 철저히 배제된다. 이는 집을 단순히 '소비'의 공간으로 제한함으로써, 집이라는 강력한 도구를 절반만 활용하는 셈이다. 특히 2030 직장인들은 집을 효율적으로 활용하지 못한 채, 그저 아무것도 하지 않는 공간으로 내버려 두는 경우가 많다. 책상과 컴퓨터가 있어도, 그 공간은 창의적인 작업이나 자기계발보다는 유튜브 시청이나 게임과 같은 소비적인 활동으로 채워지곤 한다. 이는 자신이 가장 많이 머무르는 공간에서조차 성장 가능성을 외면하는 모습이라 할 수 있다.

많은 이들이 집을 단순히 '쉬기 위한 공간'으로만 여기고 있다. 집은 일상에서 지친 몸을 쉬게 해주는 도피처일 뿐이라며, 더 나은 미래를 위한 도구로 인식하지 못한다. 이로 인해 집은 '단순히 시간을 흘려보내는 곳'으로 전락해, 생산적 잠재력을 발휘하지 못하는 경우가 많다. 심지어 직장인들은 일터에서의 스트레스가 극심한 나머지 '집에서는 절대 일을 하지 않겠다'며 명확하게 선을 긋기도 한다. 많은 이들이 집에서 생산적 활동을 하면 일과 삶의 균형을 잃을 것이라는 막연한 두려움을 갖는다. 그러나 이는 오해에 불과하다.

그러나 오직 집이라는 공간에서만이 자신을 위한 생산적 활동이 가능하다. 집은 충분히 자신만을 위한 작업 공간으로 활용하는 것이 가능하다. 다만 트랜스포밍이 필요하다. 트랜스포밍은 집안의 구조를 바꾸고 실내 장식도 새로 하면 좋겠지만 꼭 그렇게까지 큰돈을 들이지 않아도 가능하다.

우선 자신이 주로 사용하는 공간에 사용할 작업 테이블을 배치한다. 이미 테이블이 있다면 그 위치만을 이동해도 된다. 중요한 것은 그 작업 테이블이 방의 가장 중심에 놓여야 한다는 것이다. 나의 작업실에는 테이블이 주인공이라는 것을 확실히 해두어야 한다. 물론 침대가 있을 수 있고 TV도 걸려 있을 수 있다. 기존에는 테이블이 그것들에 밀려 구석진 자리에 설치되어 있다면 과감하게 자리를 방의 가장 중심 위치에 배치하는 것이 중요하다.

의식적으로 배치한 자신만의 공간은 미래에 대한 선언이다. 더이상 이 공간이 소비의 공간, 시간을 죽이기 위한 공간이 아니라는 것을 못 박아 두는 것이다. 그러면 집은 더이상 직장인을 위한 충전의 공간이 아니라 자신이 세운 목표와 비전을 위해 새롭게 정의된 나만의 작업 공간으로 재탄생한다. 이런 공간이야말로 오늘과 다른 내일을 만들 수 있다.

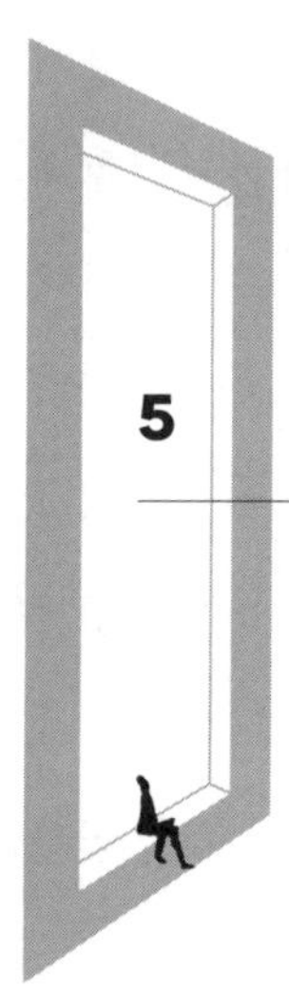

5 공간 없는 '갓생'은 망생

'갓생'은 '갓(God·신)'과 '생(生)'의 합성어로, 2030 세대가 자신의 목표를 차근차근 이루기 위해 자기계발, 재테크, 운동 등을 꾸준히 하며 생산적이고 보람찬 일상을 유지하려는 의지를 표현한 단어다. 갓생은 단순히 규칙적인 루틴을 유지하는 것을 넘어선다. 그것은 자신의 삶을 주도적으로 설계하고, 매일의 성취를 쌓아가는 여정이다. 그러므로 이를 위해서도 개인적인 공간은 꼭 필요하다.

이 공간은 단순히 물리적인 방이 아니라, 아직 완성되지 않은 삶에 대한 고민과 계획을 담을 수 있는 그릇이다.

하루를 30분 단위로 쪼개며 자격증과 스펙을 쌓는 2030 세대에게는 휴식 공간만큼이나 온전히 집중할 수 있는 작업 공간이 필요하다.

작업 공간이 거창할 필요는 없다. 자신의 목표를 이루기 위해 집중할 수 있는 공간이면 충분하다. 부모님과 함께 살아도 문제없다. 다만 자신의 방만큼은 독립된 공간이란 것을 가족에게 인식시켜야 한다. 방해받지 않고 자신의 루틴을 유지할 수 있는 환경이 중요하다. 매일 아침 5시에 일어나 세수하고 운동과 공부를 이어가는 계획을 실천하려면 방해 요소가 없어야 한다.

좁은 방이라도 공간을 분리하면 훨씬 효율적으로 활용할 수 있다. 파티션을 이용해 침대와 책상, 옷장을 분리하면 심리적인 공간을 확보할 수 있다. 예를 들어, 방문을 열었을 때 침대가 가장 먼저 보이는 구조는 방에 들어섰을 때 휴식 모드로 전환되기 쉽다. 하지만 파티션으로 침대와 책상을 분리하면, 책상이 있는 공간에 들어서는 순간 자연스럽게 자기계발 모드로 전환된다.

환경은 의지가 약해질 때 절도 있는 행동을 유도하는 중요한 요소다. 자신이 의지가 강하다고 생각하는 사람도 환경의 도움 없이는 갓생을 지속하기 어렵다.

갓생을 사는 2030 세대의 스타트업 창업자들은 집에서 업무공간을 트랜스포밍 하거나, 하루 일정을 철저히 관리하는 방식을 통해 혁신적인 성과를 만들어낸다. 예를 들어, 에어비앤비(Airbnb)의 창업자인 브라이언 체스키(Brian Chesky)는 30대 초반에 침실을 작업실로 활용하며 아이디어를 구체화했고, 지금은 세계 최대의 숙박 공유 서비스 플랫폼을 만들어냈다. 이들에게 공간은 자신의 성공과 발전에 깊숙이 연결되어 있다.

'자연스러운 집'이라는 공간을 활용해 갓생을 이룬 유튜브 콘텐츠 크리에이터 박막례 할머니와 손녀 김유라는 갓생의 진정한 성공사례다. 김유라는 자신의 할머니가 자신의 공간인 집에서 단지 소일거리로만 그칠 수 있는 요리를 콘텐츠로 기획하여 글로벌 유튜브 스타로 등극하는 플랫폼을 설계했다. 특히 김유라는 평범할 수 있는 할머니의 공간인 주방과 거실에서 다양한 콘텐츠를 기획하고 브랜딩까지 체계적으로 접근하며 갓생을 이루었다. 박막례 할머니는 자신만의 이야기를 통해 다른 세대와 교감하며 삶의 가치를 증명했다.

갓생은 '오늘보다 나은 나'를 만들기 위한 구체적인 실천이며, 이를 위해 필요한 루틴과 공간, 그리고 의지를 상징한다.

2030 세대의 라이프 스타일 변화 연구에 따르면, 이 세대는 '개인의 성취'를 삶의 가장 중요한 가치로 여기는 경향이 있다. 이 연구는 MZ 세대가 갓생을 통해 불확실한 미래에 대비하려는 행동 양식을 분석한 후, 자기계발과 경제적 독립을 가장 중요한 목표로 설정하는 특징을 발견했다. 특히, 자기계발의 주요 장소로 '집'을 언급하며, 물리적 공간과 심리적 여유가 생산성에 미치는 영향을 강조했다.

혼자만의 공간으로 집을 활용할 수도 있지만, 가족과 함께 모여 생활한다면 자기계발의 공간을 구축하는 데 있어서 주의해야 한다. 가족이 함께 사는 집에서는 사적 공간이 침해되기 쉽기 때문이다. 주방과 거실처럼 함께 사용하는 공간은 가족의 화목을 위해 꼭 필요한 곳이다. 때로는 잔소리보다는 조용히 함께 식사하며 시간을 보내는 것이 서로에게 큰 치유가 되기도 한다.

하지만 집이라는 공간이 가족이 함께 생활하는 장소라

고 해서 개인 공간을 포기할 수는 없다. 가족의 소중함은 말할 필요도 없지만, 개인의 목표와 삶의 방향은 각자 다르기 때문이다. 개인 공간과 공용 공간이 철저히 구분되어야 한 사람이 독립적인 사회 구성원으로 성장하고, 이른바 '갓생'을 계획할 수 있다.

갓생은 단지 치열한 삶을 살아가는 것이 아니라, 자신의 삶을 트랜스포밍 하고 목표를 달성하며 매일의 성취를 쌓아가는 과정이다. 이를 위해 지극히 개인적인 물리적 공간뿐 아니라 심리적 공간이 반드시 확보되어야 한다.

2030 직장인들이 부모 품에서 독립해 오피스텔이나 빌라에 혼자 거주하려는 이유는 갓생을 위한 자신만의 공간을 확보하기 위한 것일 수 있다. 가족의 지나친 간섭과 사생활 침해로 인해 높은 월세를 감수하면서까지 집을 떠나는 2030 후배들에게 독립을 축하해주기에는 뭔가 아쉬움이 있다. 이들에게 필요한 것은 어설픈 독립이 아니라 방해받지 않는 자신만의 공간이다. 외부로부터 차단된 자신만의 공간에서 자기계발이 가능하기 때문이다.

알랭 드 보통(Alain de Botton)은 현대인의 불안과 삶의 의미를 탐구하는 작가로, 그의 저서 《불안》은 현대인들이 느끼는 성과와 목표에 대한 강박을 심도 있게 다룬다. 그는 "사회가 우리에게 성공의 기준을 강요하지만, 진정한 성공은 각자가 자신의 목표를 설계하고 이를 통해 얻는 만족감에서 비롯된다"고 강조한다. 이는 갓생을 살아가는 2030 세대의 심리를 잘 설명해 준다. 갓생이 단순히 경쟁에서 앞서기 위한 무의식의 루틴이 아니라, 자신만의 성공 정의를 내리는 과정이라는 점을 시사한다.

아주 작은 나만의 공간을 확장하다 보면 그 공간으로 갓생들이 모인다. 그들과 함께 더 큰 기회를 만들어간 역사는 이미 선배들이 증명해낸 진리이다. 갓생을 위한 공간이 변화의 시작이 된다.

6 공간, 나만의 색을 보존한다

나는 50대 직장인이다. 오늘도 지하철을 타고 2030 직장인들과 함께 9시 정시에 출근한다. 어제와 똑같은 오늘을 30년 동안 유지하고 있다. 내가 2030이었을 때 조금이라도 먼저 세상 공간이 아닌 내 공간에서, 남의 시선이 아닌 나에 대한 고민을 더 깊이 했더라면 하는 아쉬움이 남는다. 공간은 2030 직장인이 만들어가는 시간과 직접적인 관계가 있다.

나의 색은 회색이다. 무난하다. 열정적인 붉은 색도 아니고, 차갑고 이지적인 푸른색도 아니다. 그저 그런 회색이다. 나의 원래 색은 무엇이었을까? 아마 노란색 아니면 흰색이었을 것 같다. 그저 밝고 말하기 좋아하는 세상 물정 모르던 20대였으니까. 그러다 20대 후반쯤 직장에 들어가 하늘 같은 선배님들과 무서운 과장님, 그리고 천상계에 계신 부장님의 뒤를 따라 열심히 살았다. 후배가 생겼고 그들에게 멋진 선배가 되고 싶어 더 열심히 일했다.

나의 업무는 프로그램을 개발하는 일이었다. 복잡한 세금을 계산하는 프로그램이었기 때문에 한 치의 오차라도 있으면 프로그램 전체가 쓸모없게 된다. 나는 완전한 로직을 만들기 위해 강박적으로 밤새워 코딩을 했다.

거대한 톱니바퀴처럼 완벽히 돌아가는 재무 회계 시스템 중 내가 만드는 모듈은 급여라는 아주 작은 부품 역할을 하는 것이었다. 내가 만든 코드는 전체 시스템과 맞물려 매끄럽게 돌아가야 했다. 어느덧 너무나 자연스러운 시스템이 완성되었다. 사람들은 시스템을 마치 산소처럼 처음부터 있었던 것처럼 사용했다. 나는 나의 색을 지우기 위해 죽도록 노력했다. 마치 이마에 주홍글씨가 박혀 있는 것처럼 다른 사람과 같아지기 위해 필사적으로 몸부림쳤다. 10년쯤 그렇게 직장에서 나의 색을 지우고 선배가, 사회가 가르쳐준 색을 내 몸에 발랐다. 사실 그때만 해도 내 몸에 덧칠하는 수준이었다. 또 10년이 흘러 나는 시니어가 되어 있었다. 이제 조직이, 사회가 원하는 색이 내 몸의 색이 되어 있었다. 제법 그럴싸하다. 누구나 나를 보면 0.1초 만에 회사원이라고 생각한다. 흰 와이셔츠와 검은 재킷, 광나는 신사 구두를 신고 출근한다. 나는 완벽한 회색 인간이 되었다.

30대 중반쯤, 과장이었을 때다. 넉넉지 못한 살림에 쌍둥이 아들딸을 갖게 되었다. 너무나 사랑스럽고 기뻤지만 한편으로는 육아에 대한 부담감도 컸다.

동훈이와 윤서는 그런 아버지를 보고 자라 이젠 어른이 되었다. 공부를 더 잘해서 반에서 학교에서 1등이 되기를 바랐다. 좋은 대학에 입학하기를 바랐다. 그리고 대기업에 들어가 안정적인 월급을 받기를 바랐다.

잠깐! 그때는 몰랐다. 아이들도 나처럼 회색의 삶을 살아가길 바란 내 가르침이 잘못되었다는 것을. 나는 아이들에게 나와 같은 삶을 강요한 것 같다. 생존을 위해 너의 색을 최대한 지워라. 먹고 살기 위해서는 너의 천재성과 너의 본질적인 꿈과 희망을 포기하고 회색을 받아들여

라. 회색 인간이 되어서 군중 속에 숨어들어 아무렇지도 않은 평범한 사람이 되어라. 아무 일도 일어나지 않는 안전하기만 한 삶을 살아라.

회색 인간들이 세상에 넘쳐난다. 사실 본인이 회색 인간인지도 모른 채 살아간다. 조직에 순응하고, 자신의 아이디어나 생각쯤은 쓰레기통에 멀찍이 던져 버린다. 그리고 매뉴얼을 읽는다. 사규를 꼼꼼히 이해하고 암기한다. 남는 시간엔 유튜브를 본다. 자신만의 색이 있었는지조차 모르고 조직에 빠르게 적응한다.

2030 직장인들은 선택할 기회조차 없다. 먹고사는 문제가 시급하기에 회색을 받아들이는 것은 선택의 문제가 아니라 당연하다고 여긴다. 이 부분에서만큼은 선택의 여지가 없을 거라고 나도 이해한다. 하지만 자신의 색을 계속 소유할지, 버리고 회색을 받아들일지는 선택에 달려 있다.

27세부터 직장생활을 시작해 지금까지 뜨겁게 살아온 나로서는 동훈이가, 윤서가 회색을 받아들이지 않으면 좋겠다. "힘들더라도 자신만의 꿈을 잃지 마라." 뭐 이런 유치한 충고를 하려는 게 아니다. 자신의 색을 버린다면,

그래서 사회가 바라는 스탠다드가 된다면 나이 먹을수록 무가치해지기 때문이다. 스탠다드의 다른 말은 대체 가능 상품이다. 삶은 오래될수록 더 가치 있고 품격 있어야 하는데, 스탠다드가 된다면 시간이 지날수록 더 치열한 경쟁 상태에 놓이게 된다. 내가 그랬던 것처럼 젊고 힘센 젊은이들과 경쟁해야 한다. 나는 스탠다드이기 때문이다.

후배들에게 밝히고 싶지도 권할 자격도 없지만, 동훈이 윤서에게는 아무리 먹고사는 문제가 시급하더라도 패배가 확정된 게임을 하라고 권할 수 없다. 대체 가능한 포지션으로 직장생활을 한다면 시간은 결코 내 편이 되지 못한다. 회색 인간의 삶을 살게 되면 시간이 갈수록 경쟁은 치열해져 언젠가는 같은 색에게 패배하고, 살아 있었는지조차 누구도 기억하지 못하는 존재로 사라질 수 있다.

회사는 생산성을 극대화하기 위해 쉬는 시간을 내어주지 않는다. 혹시라도 튀어나온 2030들만의 색은 회사 보안 게이트에 ID카드를 대는 순간 깨끗하게 지워진다. 이런 생활을 10년, 20년 하고 나면 자신의 색은 완전히 소멸해 회사가 입혀준 회색만 착색된다.

동훈이는 이제 더이상 동훈이가 아니다. 아마 24874419번으로 불릴지 모르겠다. 아들에게 주어진 이 숫자를 내가 외우지 못하면 동훈이를 식별하지 못하는 게 아닐까 걱정된다.

2030들이 자신만의 공간을 가져야 하는 이유는 자신의 고유한 색을 보존하기 위해서다. 무방비 상태인 2030들에게 매일같이 사회는 회색 페인트를 온몸에 덮어씌운다. 2030들이 자신만의 색을 지워지지 않게 보호하기 위해서는 자신만의 공간이 필요하다.

2030들에게는 자신만의 공간에서 하루 한 시간이라도 멍때리는 시간이 필요하다. 자신의 원래 색이 무엇이었는지, 왜 그리 바쁘게 살아가는지 자신에게 물어봐야 한다.

2030 직장인이 이 전쟁에서 이기는 유일한 방법은 자신만의 공간에 머무는 것이다. 그 공간에서 회색으로 변해가는 자신을 지켜야 한다. 원래의 고유색이 무엇이었는지, 원래 무엇을 꿈꾸고 있었는지 잊히지 않도록 계속해서 기억을 끄집어 올려야 한다. 이 고통스럽고도 복잡한 작업은 오직 자신의 '공간'에서만 가능하다. 그렇다면 왜

자신의 색을 지켜야 할까? 왜 회색이면 안 되는 것일까?

직장생활만으로 50대 중반을 살아가고 있는 내가 이제야 깨달은 것이 있다. 회색 인간으로는 경쟁력이 없다. 부품과 같은 회색은 언제든지 대체될 수 있다. 자신의 색을 유지하고 키워나가는 것이 처음에는 더디고 힘들겠지만, 결국 고유의 색은 대체 불가하다.

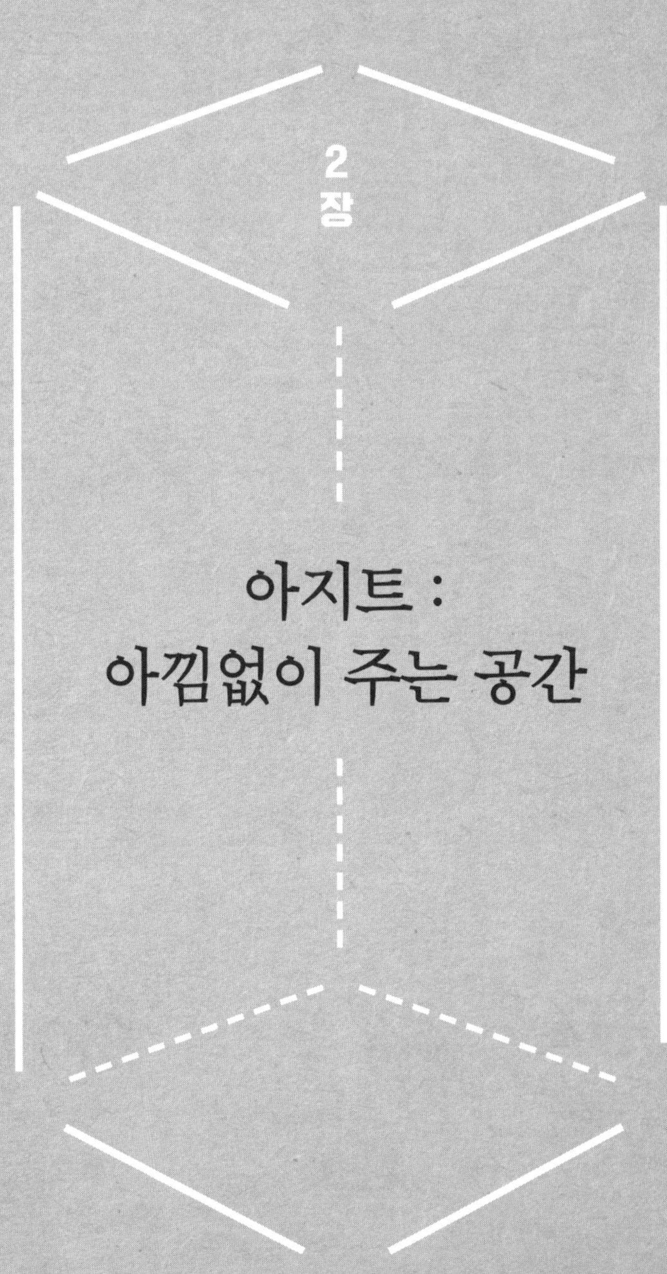

2
장

아지트 :
아낌없이 주는 공간

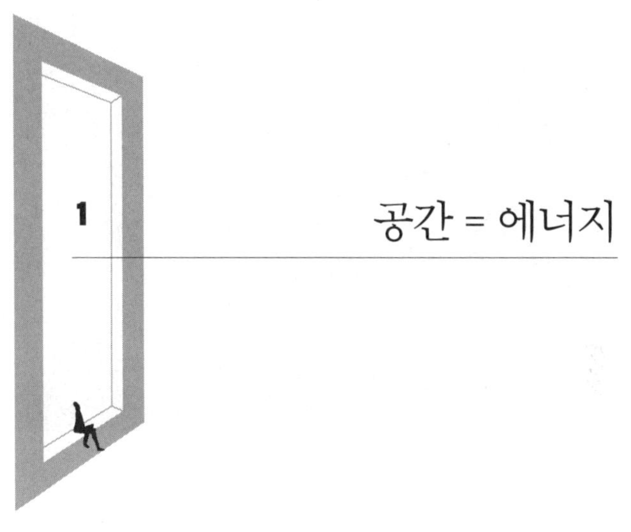

1 공간 = 에너지

손바닥을 한껏 펼쳐 벽의 온기를 느낀다. 그는 이 동굴에서 따스함과 안정감을 느꼈던 걸까? 5만 년 전 울창한 우림지대인 보르네오섬 동굴에서 인류 최초의 벽화가 발견됐다.

이 동굴에 살았던 호모 사피엔스는 이 공간을 사랑했을 것이다. 이 공간이 춥고 음험했다면 공들여 손바닥을 벽에 스텐실(stencil) 하지 않았을 테니 말이다. 인류 최초의 그림이자 인류 최초로 공간과 대화를 시도한 장면이라 생각한다. 원시인 화가는 이 공간으로부터 에너지를 주고

받았으며, 이 공간과의 공명을 진작에 눈치챘던 것은 아닐까?

'공명'이란 서로 다른 존재가 같은 진동수로 움직이기 시작하면서 더 큰 울림을 만들어내는 현상을 말한다. 그런데 이런 현상은 물리학의 범주를 넘어 우리의 일상 곳곳에서 일어난다. 예를 들어, 질서 있고 절제된 공부방에 들어섰을 때 느껴지는 집중력의 상승, 혹은 편안하게 정돈된 거실에 앉았을 때 찾아오는 심리적 안정감 같은 것 말이다.

심리학자 B.F. 스키너(Skinner)가 "우리는 환경의 산물"

라고 말한 것도 이런 이유에서다. 공간의 구조, 물건의 배치, 빛의 양, 소리의 크기 등 여러 요소가 합쳐져 우리의 행동과 생각이 좌우된다. 그리고 이 흐름이 나와 잘 맞아떨어질 때, 공간이 만들어내는 파장과 내가 하나로 어우러지며 강력한 시너지가 발생한다. 질서 있고 절제된 공간에서 퍼져나오는 파장은 그 공간 안에 머무는 사람의 파장과 공명한다. 이것이 바로 공명의 원리다.

공명 개념을 조금 더 깊게 이해하기 위해, 양자역학의 파동이론을 살짝 들여다보자. 양자물리학에서는 세상을 이루는 기본 입자들이 '입자'이면서 동시에 '파동'으로 존재한다고 말한다. 입자를 관측하기 전까지는 '파동함수(Wave Function)' 형태로 다양한 가능성이 겹쳐 있다가, 우리가 관측하는 순간 하나의 현실로 발현된다는 것이다.

이 이론을 일상에 대입해 보면, 우리의 생각과 감정도 일종의 '파동'처럼 다양한 가능성으로 펼쳐져 있다가, 이 파동이 공간과 공명할 때 특별한 방향이나 에너지를 가지게 된다. 정리된 책상 위에서 문득 창의적인 아이디어가 떠오르거나, 쾌적한 분위기의 카페에 앉아 마음이 평온해지는 순간이 그런 사례다. 이런 공간은 우리의 생각과 감정, 즉 '내면의 파동'이 긍정적인 방향으로 정렬되는 환경을 제공한다.

또한, 파동이론에 따르면 파동이 서로 어긋나면 간섭이 일어나 제힘을 발휘하지 못한다. 이처럼 공명하지 않는 공간에서는 우리의 마음이 온전히 자리 잡기 어려워지고, 그곳은 결국 '단순히 살아가기 위한 장소'가 되어버린다. 우리가 어수선한 방이나 복잡한 사무실에서 집중하기 힘든 것도, 공간의 어긋난 파동이 나의 에너지를 흐트러뜨리기 때문이다.

그렇다면 '질서 있고 절제된 공간'이란 무엇을 의미할까? 단순히 청소가 잘된 방을 뜻하는 게 아니다. 그것은 공간이 지닌 본래의 목적과 내 의지가 명확히 교차하는 지점을 형성해둔다는 뜻이다. 예를 들어, 공부방이라면 책상과 책, 조명 등 공부에 필요한 물건만 두고, 잡다한 물건은 치워둔다. 이때 공간의 파동과 내 마음의 파동이 자연스럽게 맞물려, 공명이 일어나기 쉬워진다.

에너지가 흐트러지기 쉬운 물건들이나 무작정 쌓인 짐들이 공간에 방치되어 있다면, 그 공간은 내 목표와 어긋난 파동을 계속 만들어낼 것이다. 반대로, 필요한 물건만 공간에 남기고 내 취향과 목표가 녹아 있는 요소들만 공간에 잘 배치하면, "이곳에서라면 무엇이든 해낼 수 있을 것 같은" 힘이 솟아난다. 이때 공간의 파장은 내가 원동력을 얻는 토대가 되며, 오랫동안 머물고 싶게 하는 에너지를 만들어낸다.

우리는 좋은 공간을 통해 자기 자신의 가능성을 좀 더 명확히 관측할 수 있다. 제대로 정돈된 자리에서, 머릿속이 복잡하던 문제들이 의외로 쉽게 풀리는 경험을 해보지 않았는가? 사람이 공간과 조화를 이룰 때, 그리고 그 공간에서 나오는 파장과 내가 하나의 진동수로 울릴 때, 우리는 그저 '살기 위한' 상태를 넘어 삶을 변화시키는 창의적 에너지를 얻을 수 있다.

미국 작가 헨리 데이비드 소로(Henry David Thoreau)가 "I went to the woods because I wished to live deliberately."라고 말한 것도 비슷한 맥락이다. 복잡한 공간에서 벗어나 자연 속 공간에서 자신만의 파동을 찾고, 그 파동과 어울리는 주변의 울림을 만나기 위해 숲으로 들어간 것이다. 그렇게 자신의 내면과 환경이 공명하는 순간, 소로는 진정한 자유와 몰입을 느꼈다고 한다.

공간은 우리의 삶을 담아내는 하나의 캔버스다. 불필요한 요소를 줄이고, 목표와 조화를 이루도록 미리 디자인해두면, 공간과 사람 사이에 자연스러운 파동의 어우러짐이 생긴다. 양자역학이 말하듯, 우리가 어떤 가능성을 '관측' 하느냐에 따라 현실의 모습은 달라진다. 질서 잡힌, 절제된 공간에서 내 마음이 긍정적인 방향으로 공명한다면, 그 순간부터 내 삶은 조금씩 바뀌기 시작할 것이다.

결국, 우리가 바라는 것은 살기 위해 어쩔 수 없이 머무는 '장소'가 아니라, 나의 꿈과 의지를 지지해 주는 '공명하는 무대'를 갖는 일이다.

파동이론이 보여주듯 우주의 모든 것은 끝없이 떨리고, 그 떨림이 서로에게 전파된다. 내가 공간에 보내는 파동과 공간이 나에게 보내는 파동이 하나로 얽혀 더 큰 울림을 낳을 때, 바로 그 순간이야말로 삶의 질서가 바로 서게 되고, 몰입과 성취가 자연스레 따라오는, 진정한 변화를 일으킬 수 있게 된다.

2 자극과 반응 사이에 공간이 있다

우리는 매 순간 직장에서, 집에서, 어떤 공간으로부터 발생하는 통제할 수 없는 소음과 명령, 요청을 받아들이며 산다. 이런 자극들이 때로는 무방비 상태인 나에게 태풍처럼 다가온다. 출근길 지하철에서 발을 밟혔을 때, 불공정한 평가서를 받았을 때, 다른 부서에서 어물쩍 던져준 일로 밤을 새워야 할 때, 우리는 가슴이 답답하고 호흡이 더뎌짐을 느낀다.

사실 외부로부터 오는 자극은 언제나 스트레스인 경우가 대부분이다. 그 스트레스가 커지면 커질수록 나의 반응은 더욱 빠르게 더 부정적으로 자동 반사된다. 사람들은 점점 외부로부터의 자극을 공격으로 받아들이고 부정적인 태도로 대응하게 된다. 자극과 반응 사이에 공간이 줄어들어 생각할 틈이 없다. 새로운 도전은커녕 반복되는 삶을 살아가기에 급급하다. 나에게 다가오는 모든 사건이 스트레스로 받아들여진다. 깊이 생각하지 못하고 단순하고 직관적인 반응이 습관이 된다. 마치 길을 가다 독사를 만나면 즉시 그 자리를 피하는 것처럼 생각 없이 하는 일들이 일상이 된다.

"자극과 반응 사이에는 공간이 있다. 그리고 그 공간에서의 선택이 삶의 질을 결정한다." 심리학자 빅터 프랭클(Viktor Frankl)의 말이다.

그러나 자극에 반응하기 전 우리를 피신시킬 빅터 프랭클의 공간은 우리에게 사라진 지 오래다. 뭔가 잘못되어 가고 있음을 느끼지만, 정확한 실마리를 찾지 못하다가 어느 날부터 여행을 꿈꾸기 시작한다. 지금의 답답한 상황을 훌훌 털어버리고 멀리 떠나는 것이다.

여행을 떠나면 나에게 스트레스 줄 고객도, 못된 상사도 없다. 매시간 청구서처럼 제시되는 일상의 스트레스에서 완전히 해방됨을 느낀다. 넓게 펼쳐진 드넓은 자연과 투명하게 쏟아지는 햇빛을 온몸으로 맞으며 진정한 자유를 만끽한다. 하지만 여행의 끝은 다시 일상으로 돌아와야 하는 왕복 티켓이다.

여행지에서 느꼈던 자유와 해방감은 돌아온 일상에 묻혀 먼 추억이 된다. 여행지에서 있었던 자극과 반응 사이의 공간은 일상으로 돌아온 즉시 사라진다. 여행은 자극을 일시적으로 없애는 것이다. 자극이 없어진 것이 아니라, 다만 반응으로부터 자유로워진 것뿐이다. 일상으로 돌아오면 우리는 다시 자극을 맞이한다.

근본적인 변화는 일어나지 않는다. 프랭클이 말한 심리적 공간은 단순히 일탈로는 회복되지 않는다. 자극은 항상 존재하고 자극에 따라 나의 반응이 있다면, 그 사이의 공간을 통해 쉼을 회복해야 한다. 그 공간에는 자신이 선택할 자유와 힘이 존재한다. 공간 없이는 자극과 반응뿐이다. 공간에서의 선택이 삶의 질을 결정할 수 있도록 나만의 공간부터 회복해야 한다.

그 공간을 되찾기 위해서는 우리 주변의 물리적 공간부터 변화시켜야 한다. 공간의 트랜스포밍이 필요하다. 외부 환경이 우리의 내면 상태를 어떻게 바꿀 수 있는지, 작은 물리적 변화가 어떻게 심리적 여유를 만들어 낼 수 있는지에 대한 깊은 성찰이 잃어버린 공간을 되찾게 한다.

나도 한때 자극과 반응 사이의 공간을 완전히 잃어버린 채 살아갔다. 밀려드는 업무와 스트레스로 사라진 공간을 인식할 겨를도 없었다. 기계적으로 최대한 신속하게 많은 업무를 처리하는 것만이 살길이었다. 외부의 요청이라는 자극에 일로 반응하는 삶. 그 사이에 공간은 어디에도 없었다. 그러던 어느 날 매일같이 야근하며 워커홀릭(Workaholic)이던 나에게 행운이 찾아왔다. 상무로 승진하며 나만의 집무실을 배정받게 되었다. 방문을 열자마자 남산이 한눈에 들어오는 넓은 통창을 마주하게 된다. 남산타워가 액자처럼 펼쳐 보이는 전망 좋은 공간이다.

그곳에서 나는 마음의 여유와 새로운 관점을 얻었다. 10년 넘게 하던 같은 업무를 새로운 관점에서 입체적으로 해석하게 되었다. 스트레스 그 자체였던 업무들은 다른 업무들과 퍼즐이 맞춰지고, 왜 그 일이 필요하고 얼마만큼이나 중요한 일인지도 깨닫게 되었다. 일이 잘 안 풀릴 때마다 넓은 창을 통해 남산을 하염없이 바라보았다.

그러면 신기하게도 해결책이 떠올랐다. 사실 해결책이라고 하기보다는 한 번 더 부탁하고, 가능성 있는 다른 사람을 떠올리는 것이 전부이긴 했지만, 결과는 언제나 만족스러웠다. 자극에 반응하기 전 내 생각과 마음을 완충할 공간을 만난 덕분이었다.

남산은 봉우리가 두 개다. 서울역 방향으로 남산타워가 세워진 주봉이 있고, 그랜드 하얏트 호텔 쪽에 작은 봉우리가 올라 있다. 나의 사무실은 두 봉우리에서 남서쪽 방향 직선거리 2km 위치에 있다. 사무실과 남산 사이에 높은 건물이나 장애물이 없어 사계절 모두 남산의 변화를 놓치지 않고 관찰할 수 있다.

봄이 되면 남산은 분홍색 주름치마를 한껏 두른 것처럼 봄꽃들이 산길을 따라 띠를 이룬다. 여름이면 남산 전체가 푸르른 녹음으로 뒤덮여, 바람 부는 날이면 한 그루 한 그루 나무는 보이지 않고 파도의 여울처럼 한 몸으로 일렁인다. 가을이 오면 봄에 둘렀던 분홍색 주름치마가 듬성듬성 색이 바래고 탈모가 진행된다. 푸른 녹음 속에 숨어있던 나뭇가지들이 생선 가시처럼 발라진다. 눈 내린 남산의 겨울은 시리도록 차가운 파란 하늘과 맞닿아 신령한 모습을 보여준다.

고생스러운 프로젝트를 끝내고 바라보는 남산과 꼬일 대로 꼬인 일들을 연습장에 그림처럼 써 내려가다가 문득 발견한 남산의 모습은 언제나 같은 모습이었다. 남산을 물끄러미 바라보면서 생각은 생각의 꼬리를 물고 남산타워 피뢰침에 다다른다. 반복적인 노력을 통해 해결할 일들이, 남산을 보는 순간 단순히 해결해야 할 문제가 아니라 삶의 일부로 느껴졌다. 남산을 통해 나는 일이 주는 스트레스와 고통을 다른 시각으로 바라보게 되었고, 그 틈에서 마음의 여유를 발견할 수 있었다.

남산을 바라보며 나는 깨달았다. 우리가 잃어버린 공간은 단순히 물리적 공간만이 아니었다. 그곳은 스트레스 속에서도 생각의 여유와 새로운 가능성을 찾게 해주는 심리적 공간이었다. 정제되고 질서 있는 공간은 우리에게 틈을 만들어준다. 그 틈은 단순히 문제를 해결하는 실마리가 아니라, 삶의 태도를 바꾸고 고통을 받아들이게 하는 회복의 출발점이었다.

결국, 남산은 나에게 빅터 프랭클이 말한 자극과 반응 사이의 공간을 되찾게 해준 열쇠가 되었다. 그 공간은 고요하고 넓으며, 깊은 생각과 감정을 수용할 수 있는 자리였다. 그 공간에서 나는 고통을 품고, 지루함을 수용하며, 삶을 더 넓고 깊게 바라보는 법을 배웠다.

우리의 삶은 끊임없는 자극과 반응 속에 존재한다. 그러나 그 사이에서 공간을 찾고 넓히는 것은 우리의 선택이다. 정제된 공간, 조화로운 환경은 그 공간을 회복시키는 중요한 시작점이 된다.

남산에서 내가 발견한 것은 단순히 아름다운 풍경만이 아니었다. 그것은 일상의 소음과 스트레스 속에서도 삶을 새롭게 바라볼 수 있는 고요한 틈이었다.

지금, 당신은 어떤 공간에서 살아가고 있는가? 잃어버린 공간을 되찾을 준비가 되었는가?

3 아낌없이 주는 공간

나는 어디든 공간에 들어가면 벽을 만져 본다. 모든 벽에는 온도와 색이 있다. 공간에 따라 편안함을 주기도 하고, 도서실 공간처럼 가득 찬 듯한 느낌을 주기도 한다. 그 공간에서 온전히 나를 발견하기 위해 노력한다. 공간의 중앙에 있는 나, 때론 공간의 구석진 곳에 쭈그려 앉아 있는 나를 발견한다. 공간은 나에게 이래라저래라 하지 않는다. 하지만 지금 이 공간은 내가 그토록 가지고 싶었던 공간이며, 나에게 무한한 창의력을 제공할 수 있는 공간이다.

쉘 실버스타인(Shel Silverstein)이 쓴 《아낌없이 주는 나무》에는 소년과 나무 이야기가 나온다. 어린 소년은 나무와 함께 놀며 행복한 시간을 보낸다. 나무는 소년이 올라타 놀고, 열매를 먹고, 그늘에서 쉬도록 도와준다. 소년은 성인이 되면서 사회에서 갖고 싶은 것들이 많아진다. 나무는 소년이 돈을 벌 수 있도록 사과를 내준다. 소년이 집을 짓고 싶어 하자 나무는 가지를 잘라 준다. 어느 날 소년은 아주 멀리 해외여행을 떠나고 싶어 한다. 나무는 그 소년이 배를 만들 수 있도록 자신의 몸통을 내준다. 오랜 시간이 지나 소년은 늙고 지쳐 나무에게 돌아온다. 나무는 몸통조차 남지 않았지만, 소년이 쉴 수 있도록 그루터기를 제공한다.

공간은 머무는 사람에게 언제나 아낌없이 에너지와 편안함을 제공한다. 하지만 현대에 들어 그 공간은 스마트폰과 과도한 피로에 자리를 내어주고 있다.

직장에서 지친 몸을 이끌고 현관문에 들어서는 동안에도 스마트폰에서 눈을 떼지 않는다. 화장실에 들어가서도 자동 충전이 지원되는 거치대에 스마트폰을 올려놓는다. 주방 식탁에서 스마트폰과 함께 식사하고, 잠자기 직전까지 스마트폰을 보면서 휴식을 취한다. 침대에 누워 잠자기 직전까지 스마트폰의 화면은 꺼지지 않는다. 스마트폰 알람과 함께 하루 일과가 시작된다. 공간이 주는 여유와 사유의 시간을 잊은 지 오래다. 공간을 이용하고 거주하지만, 그 공간과 공명을 이루지 못한다.

가족 구성원 각자가 개인 공간을 갖게 된 시기는 근대에 들어서다. 산업화와 도시화의 영향으로 주거 환경이 개선되고, 생활 방식이 변화한 결과였다. 근대 초기(19세기 후반~20세기 초반)부터 전통적으로 1~2칸이었던 방이 3칸 이상으로 늘어나기 시작했다. 이는 경제적 여건이 향상된 중산층 이상에서 먼저 나타난 변화였다. 이 당시부터 특히 변화된 주거 공간은 거실과 부엌이었다. 일본의 영향과 서구 문화 유입으로 거실과 부엌을 분리하고, 독립적인 침실 공간을 만드는 집 구조가 발달했다. 1900년대 초기에 일반 평민들은 여전히 한옥 구조에서 한두 개의 방을 유지했지만, 20세기 들어 산업화와 도시화를 맞이하면서 다세대 주거형태로 한 가정당 방이 2~3개로 늘어나기 시작했다.

아파트가 본격적으로 세워지기 시작하면서 비로소 개

인 공간에 대한 개념이 생겼다. 자신만의 공간에서 목표에 집중하며 미래를 향한 자세를 가다듬을 수 있게 된 것이다.

공용공간에서 개인 공간으로의 진화가 개인의 삶에 혁명을 가져왔다. 우리는 이제 각자 개인 공간을 소유할 수 있고 그곳에서 무엇이든 자신이 원하는 형태의 삶을 만들어 갈 수 있다. 누구든 개인 공간을 확보해 경제적 심리적 자유를 만끽할 수 있다.

하지만 우리는 얼마큼이나 나만의 공간에서 자신의 존재를 확인하고 있는가? 우리는 얼마나 아낌없이 주는 공간의 가치를 충분히 이용하고 있는가?

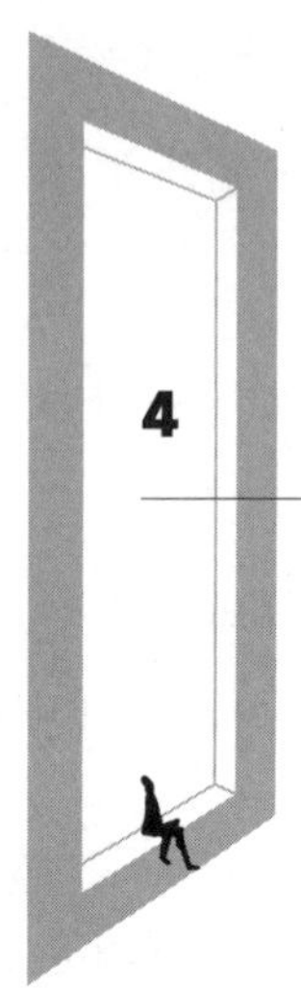

4 공간의 온도

나는 늘 공간이 사람을 만든다고 믿어왔다. 하지만 그것이 나를 구할 수도 있다는 것을 깨달은 것은 투자에서 크게 실패하고 삶의 방향을 잃었을 때였다.

나는 한때, 스터디 카페 사업에 대한 열정으로 가득 차 있었다. 돈이 돈을 만든다는 말이 머릿속을 지배했고, 이 사업이 성공하면 내가 원하는 공간을 가지게 되고 인생도 활짝 펼쳐질 것으로 확신했다. 내가 계약했던 그 공간은 스터디 카페를 개설할 수 없는 개발제한 구역이었다는 사실을 나중에야 알았다. 어이없이 큰 실패를 겪고 나니, 세상이 온통 차갑게 느껴졌다. 평소 존경하던 교수님은 이 분야에 전문가였다. 찾아뵙고 상의 드리고 싶었지만 자주 찾아뵙지도 않다가 일이 있을 때만 찾아뵙는 것이 염치없는 짓 같았다. 그분의 시간과 에너지를 빼앗는 것 같기도 해서 조용히 침묵했다.

내가 실패했다는 소문은 눈덩이처럼 불어나 동문과 후배들까지 모르는 사람이 없게 되었다. 교수님께서는 내 사정을 건너 들으셨고, 어느 날 갑자기 나를 집으로 초대하셨다. 교수님의 집은 해운대 앞바다가 한눈에 펼쳐지는 곳이었다. 도착했을 때 나는 한동안 말없이 창밖을 바라보았다. 한없이 펼쳐진 수평선 끝으로 마라도가 보였다. 햇살이 부서지는 바다는 은빛 갈치들의 어장 같았다. 복잡하고 착잡하기만 했던 마음이 뻥 뚫린 거실 풍경과 함께 정리되는 느낌이었다.

그분이 머무는 서재는 조용하고 아늑했다. 한쪽에는 오래된 책들이 가득했고, 반대편에는 커다란 창이 있어 바람이 부드럽게 스며들었다. 그곳은 단순한 방이 아니었다. 마음이 다독여지는 공간이었다. 나는 그곳에서 조용히 앉아, 처음으로 내 실패에 대해 말할 용기를 냈다. 그

동안 정신없이 문제를 해결하려고만 했지, 사건의 처음으로 돌아가 문제의 원인을 따져보려고 하지는 못했다. 교수님의 안정적이고 배려 있는 공간은 나를 안심시키기에 충분했다. 나는 그 고요한 공간에서 사건을 재구성하고 어디서부터 잘못되었는지 설명하면서 스스로 해결의 실마리를 찾을 수 있었다.

왜 교수님께서는 굳이 개인적인 자신의 서재로 나를 초대하셨을까. 그것은 아마도 진실을 듣고 싶으셨기 때문일 것이다. 그 고요한 공간에서는 호흡과 말소리, 그리고 제스처까지도 정확히 상대에게 전달되었다. 교수님께서는 나의 이야기를 묵묵히 들으셨다. 단 한 번도 나를 책망하지 않으셨다. 대신, 내게 도움이 될 만한 해결책을 차분히 제시해 주셨고, 필요한 사람들을 직접 연결해 주셨다. 나는 스스로 부족함에 대해 부끄러워할 겨를도 없이, 다시 시작할 힘을 얻었다. 교수님의 공간은 단순한 물리적 장소가 아니었다. 그것은 한 사람의 너그러움과 따뜻함이 고스란히 담긴 세계였다.

시간이 흐른 지금도, 나는 그 서재를 기억한다. 그 공간은 교수님과 내가 서로를 더욱 신뢰할 수 있도록 굳게 연결해 주었다. 만일 교수님의 가장 깊숙한 개인 공간, 서재가 아닌 선술집에서 교수님을 만났다면 이야기는 달라졌을 것이다. 선술집이었다면 나는 그저 옹알이에 가까운 신세 한탄만 늘어놓았을 것이다. 이야기를 들어주는 상대방도 예의상의 위로와 의미 없는 추임새만 던질 뿐 실질적인 문제에 대한 이해와 해결책은 없었을 것이다. 교수님께서는 감사하게도 자신의 가장 깊은 공간에 나를 초대하고 도움을 주셨다. 그곳에서 나는 새로운 길을 찾았고, 다시 일어설 용기를 얻었다.

자신의 가장 개인적인 공간인 집에 누군가를 초대한다는 것은 깊은 신뢰의 표현이다. 내적 공간이 준비되지 않고는 여간해서 외부인을 자기 공간에 들여놓을 엄두를 내지 못한다. 상대방의 공간에 들어가는 사람 또한 깊은 책임감이 따른다.

그때를 계기로 언젠가 나도 그런 공간을 만들겠다고, 나처럼 길을 잃고 방황하는 2030 후배들에게 따뜻한 공간을 제공하겠다고 결심하게 되었다.

철학자 장 폴 사르트르(Jean-Paul Sartre)는 "타인은 나의 지옥이 아니라, 나를 비추는 거울이다"라고 말했다. 그의 말은 우리가 타인을 통해 자신을 발견하고 성장할 수 있음을 의미한다. 공간은 공유하는 사람들에 의해 서로를 이해하고 신뢰하는 관계를 형성한다. 우리가 함께 있는 장소가 깊이 있는 대화와 상호작용을 가능하게 한다면, 그 공간은 단순한 물리적 환경을 넘어 의미 있는 관계를 이어주는 매개체가 된다.

공간이 사람을 만든다. 그리고 어떤 공간은 사람을 살린다. 나에게 교수님의 서재가 그랬던 것처럼, 나도 언젠가 누군가에게 그런 공간이 되고 싶다. 삶이 차갑게 다가오는 순간, 그 공간에서 온기를 느낄 수 있도록.

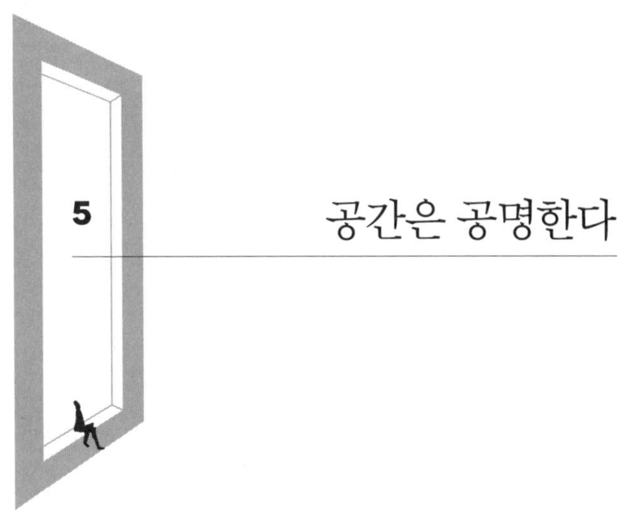

5 공간은 공명한다

공간에서 에너지가 나오기 때문에 공간을 목적에 맞게 트랜스포밍 할 수 있다면 N포에서 N-be로 삶을 변화시킬 수 있다는 게 이 책의 골자다. 우리는 공간을 비워내기도, 채우기도 하면서 공간을 슬기롭게 활용해야 한다. 그래서 공간이 우리의 삶에 얼마나 중요한지, 우리는 그 공간을 어떤 방식으로 사용해야 하는지를 깊이 탐구했다. 공간의 기능과 효능은 2030 후배들에게 '호환마마'와 같은 N포로부터 구해낼 수 있는 유일무이한 창이요 방패라고 결론 내렸다.

공간이 사람을 변화시키고 성공에 이르게 하는 사례와 경험들을 오랫동안 조사하고 확인했다.

"도대체 인간과 공간은 어떤 관계가 있는가?

"왜 공간이 사람의 행위를 규정할 수 있는가?"

질문은 꼬리에 꼬리를 물고 나를 괴롭혔다. 공간 주제의 많은 책과 정보들 대부분은 미니멀 라이프, 건축, 정리 정돈, 청소 등 공간 활용에 관한 내용에 그쳤다. 왜 공간이 그런 힘과 도구가 될 수 있는지에 대한 근본적인 해답은 없었다. 오랜 숙고 끝에 사람과 공간은 공명을 이룬다는 결론에 다다랐다.

"사람과 공간은 공명을 이루며 동기화된다."

여기서 공명이란 한 물체가 특정 주파수, 소리에서 진동할 때, 그와 동일한 주파수를 가진 다른 물체가 외부의 직접적인 접촉 없이도 진동하는 현상을 말한다. 말굽쇠 A를 망치로 치면 같은 주파수를 가진 말굽쇠 B가 근처에서 소리를 내며 함께 진동하는 현상이 공명이다.

누군가 특별한 의도가 있어 그 의도대로 공간을 만들고, 자신의 의도를 공간에 표현한다면 공간은 공명하기 시작한다. 공간은 그 의도대로 공명하면서 미래의 나를 끌어와 동기화한다. 이 현상을 입증할 수 있는 사례는 어렵지 않게 찾을 수 있다.

타지마할은 무굴 제국의 황제 샤자한(Shah Jahan)이 지은 건물로 그의 가장 사랑하는 아내 뭄타즈 마할(Mumtaz Mahal)을 위한 거대한 대리석 무덤이다. 1억 명이 넘는 사람들과 거대 제국을 지배했던 샤자한이 이루지 못할 꿈은 없었다. 하지만 사랑하는 아내의 죽음만은 막을 수 없었다. 죽은 아내를 위해 황제가 할 수 있는 많은 일 중 왜 하필이면 건물이었을까?

타지마할은 건축 기간만 22년이 걸렸으며 대리석 채굴, 운반, 조각가 등 2만 명에 달하는 전문가와 노동자가 필요했다. 타지마할을 건설하는 데 약 3천2백만 루피, 한화 5조5천6백만 원이라는 막대한 비용이 소요됐다.

샤자한은 타지마할을 통해 아내와의 사랑을 완성하겠다는 꿈을 꾸었고, 그것을 이루었다. 그리고 그는 사망 후 아내와 함께 타지마할에 묻혔다. 그에게 그 공간은 대리석으로 지어진 차가운 무덤이 아니라 한없이 따스한 아내의 품 안이었을 것이다. 타지마할이 세계에서 가장 아름다운 공간이 된 이유는 샤자한이 생각했던 아내의 모습을 그 공간에 표현했기 때문이다. 너무나 사랑했던 아내의 모습을 타지마할이라는 공간에 투영시킨 것이다. 그녀와 닮아 있는 그 공간은 샤자한의 외침이다. 아내에 대한 끝없는 사랑을 고백하는 공간인 것이다. 샤자한은 타지마할과의 공명을 통해 자신이 그토록 바라던 아내와의 사랑이 완성되기를 바랐을 것이다.

타지마할은 지금도 연 700만 명의 관광객들에게 샤자한의 고백을 보여주고 있다. 그 공간에 발을 들여놓는 즉시, 사람들은 샤자한의 고백을 알아듣고 완벽히 이해한다. 샤자한의 마음이 타지마할 공간의 모든 대리석 조각에서 공명하고 있다는 사실을 누구나 알아챌 수 있다.

우리가 입는 옷도 마찬가지다. 옷은 입는 사람의 심리를 투영한다. 사람들에게 관심받고 싶은 이는 화려한 의상을 입고, 자신의 꿈이 대중들에게 관심받는 사람이라면 넥타이를 맬 것이다. 결국, 옷은 자신의 꿈과 정체성을 표현하는 가장 직접적인 도구 중 하나다. 공간도 사람의 의지와 마음의 표현이다. 시험을 준비하는 사람은 공부를 위한 공간을 만들어 자신을 표현할 것이다. 요리사는 주방 공간을 가꾸고 요리에 필요한 장비들로 공간을 채울 것이다.

이처럼 공간은 그 사람의 목표와 이상을 표현한다. 공간은 단순한 점과 점 사이, 벽과 벽 사이의 빈 곳이 아니라, 그가 추구하는 삶의 방향을 표현하는 중요한 도구다. 언제나 꿈과 열정으로 활기찬 사람의 공간을 보면, 그 공간은 그의 꿈과 닮아 있을 것이다. 그의 꿈이 아직 이루어지지 않았어도, 그의 공간은 분명 그 꿈을 투영하고 있을 것이다.

퇴계 이황의 도산서원은 공간이 마음을 표현하는 도구임을 충분히 증명한다.

조선 성리학의 거두 퇴계 이황은 여러 차례 높은 벼슬을 사양하고 고향으로 내려갔다. 낙향 후 그가 처음으로 한 일은 서원을 짓는 일이었다. 도산서원은 퇴계 이황에게 학문적 목표를 이루고야 말겠다는 스스로에 대한 표현이었으며, 세상을 향한 공표였다. 그의 도산서원은 은퇴가 아닌 새로운 출발을 위한 공간이었다. 그가 고향인 안동에 내려와 지은 공간은 안락하고 평안한 대궐 같은 집이 아니었다. 그의 가슴에는 온통 성리학을 완성하겠다는 열정으로 펄펄 끓었다. 그가 지은 서원은 단순히 잠자고 공부하는 공간이 아니라 그의 철학과 비전을 담은 책과 다름없다. 퇴계 이황은 자신의 꿈과 의지를 도산서원을 통해 표현했다. 공간은 나, 정체성, 내 꿈이 담긴 그릇이다. 그 공간은 퇴계 이황 자신뿐만 아니라 그를 따르는 후학들과 공명하며, 그들이 조선 유학의 기반을 다지게 하였다.

나는 업무를 하기에 앞서 책상 정리부터 한다. 원래 공부 못하는 애들이 공부를 시작하기 전에 설레발을 친다고 하지만, 나는 그렇게 생각하지 않는다. 공간을 나의 의지와 동기화시켰을 때 공간은 정확히 나와 공명하게 된다. 그 공명을 통해 목표를 명확히 하고 한 번 더 도전할 힘을 얻게 된다. 질서 있고 절제된 공간에서 퍼져 나오는 파장은 그 안에 머무는 사람과 공명하게 된다. 사람이 공간으로부터 에너지의 영향을 받는 원리는 공간에서 울리는 공명 때문이다.

공명에 답이 있었다.

동기화하고 싶은 미래(N-be)가 있는가? 그 모습대로 공간을 꾸미고, 이루고 싶은 꿈을 공간에 표현하자. 미래의 나와 공간이 동기화될 때 공간은 공명하기 시작할 것이다. 이것이 N포에서 N-be가 되는 원리이다. 공간과의 공명을 통해 목표를 이루기 위한 에너지와 용기를 끊김 없이 주고받을 수 있다. 그 공간은 카페의 작은 테이블이든, 공부방이든, 그 어떤 공간이든 상관이 없다. 자신의 공간을 이루고 싶은 목표와 일치시키면 그곳에 머물러 있을 때 그곳으로부터 자신의 에너지 분출을 느낄 수 있다.

N포에서 N-be를 이루었다면 알게 될 것이다. 자신의 공간이 자신과 많이 닮아 있다는 것을.

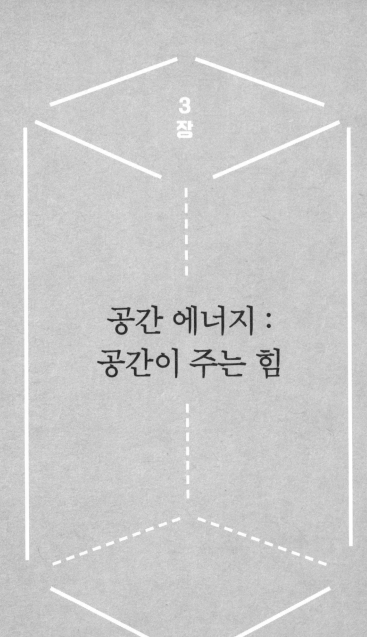

3
장

공간 에너지 :
공간이 주는 힘

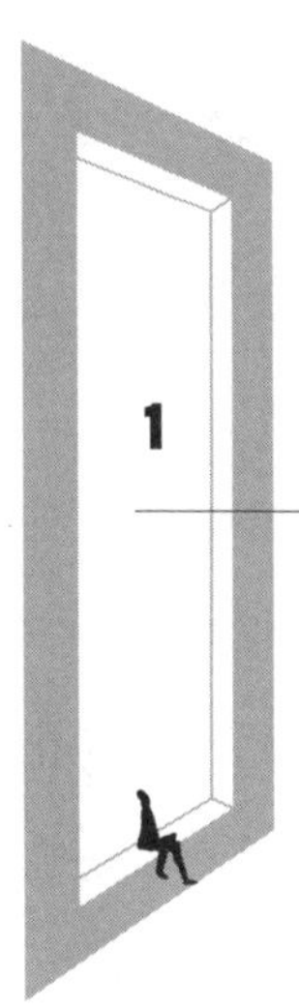

1 골드버튼 유튜버의 비밀

김작가TV로 유명한 김도윤 씨. 그는《인사담당자 100명의 비밀녹취록》,《최후의 몰입》,《기획에서 기획을 덜어내라》등 다양한 책을 집필했다. 무엇보다 그는 243만 유튜버(2025. 03)로 많은 구독자 수를 보유한 것으로 유명하다. 그를 성공으로 이끈 비밀은 꾸준함과 반복이다.

하루하루 똑같이 반복되는 일상은 지루하다. 매일 아침 6시에 울리는 알림을 끄며 일어나 같은 헬스장에 가서 같은 운동을 하고, 같은 회사 같은 자리에서 업무를 시작하고, 똑같은 지하철역을 거쳐 같은 길을 걸어 집으로 돌아오는 일과는 숨 막히게 단조롭고 무의미하게 느껴진다. 그러나 아이러니하게도 반복되는 루틴이야말로 개인의 삶에 깊은 변화를 가져오는 가장 강력한 힘을 지닌다.

243만 유튜버인 김작가는 매월 80~120개의 영상을 제작한다고 한다. 하루 최소 2개 이상 최대 4개의 영상을 만들어 유튜브에 올린다는 얘기인데, 일반인에게는 상상을 초월할 정도의 양이다. 영상의 퀄리티도 최고 수준이다. 경제 일반과 재테크, 자기개발 분야에서 김작가TV는 누구도 따라올 수 없는 채널을 구축했다. 그가 유튜브에서 골드버튼을 달성한 뒤에도 계속해서 구독자 수가 많아지고 있는 이유는 꾸준함과 다작의 힘일 것이다.

여기까지는 누구나 알고 있다. 꾸준한 반복이 성공의 힘이라는 것을. 그러나 한 가지 사실, 아무도 미처 생각하지 못했던 비밀이 있다. 김작가TV의 성공에 숨은 공신은 바로 탁월한 공간 활용에 있다.

그는 영상촬영, 편집, 사무실, 주거를 하나의 공간에 몰아넣어 시간을 단축하고 업무를 효율화했다. 100평짜리 주상복합 아파트에 오직 유튜브 방송을 위한 시스템을 만들고 그곳에서 그 자신도 시스템의 일부가 되었다.

아파트 가장 넓은 거실에는 방송국 뉴스룸 수준의 메인 촬영장이 세팅되어 있다. 조명과 마이크 장비 등 유튜브 영상을 촬영하기 위한 시스템을 완벽하게 갖췄다. 다른 두 개의 방도 각각 조명을 달리한 촬영장으로 세팅되어 있다. 게스트 인터뷰용 방인데 영상 주제에 따라 방을 달리 사용한다. 다른 공간은 사무실로 쓰이는 방과, PD들이 영상 편집과 업무를 처리하는 작업실로 사용하고 있다.

그리고 나머지 공간이 김작가 개인 생활을 위한 주거 공간이다. 최고의 영상을 만들고 그 작업을 지속하기 위한 공간 배치는 그의 열정과 일에 대한 집중력을 여실히 드러낸다. 그는 공간을 촬영공간, 편집공간, 개인 공간으로 매우 단순하게 나눴다. 촬영공간에 들어서면 몸이 알아서 촬영 모드로 바뀔 만큼 촬영만을 위한 공간을 구축했다. 촬영된 영상을 편집하기 위해 멀리 다른 사무실로 갈 필요도 없다. 촬영실 바로 오른편 방에 편집실이 있다. 그는 자고 일어나 씻고 곧바로 촬영장으로, 촬영이 끝나면 편집실로 이동한다. 그리고 마지막 업무공간에 가서 업무를 본다. 업무가 끝나면 다시 문을 열고 개인 공간에 들어가 휴식을 취한다. 완벽한 업무 시스템, 완벽한 휴식 시스템이다. 그 속에서 그는 원하는 일을 무한 반복할 수 있다. 그가 무엇을 생각하든 성공할 수밖에 없다. 그는 완벽한 공간을 갖추고 있기 때문이다.

누구나 동일 공간에서 반복되는 기본적인 일과를 정립하면, 불필요한 고민에서 벗어나 자신의 목표에만 에너지를 쏟을 수 있다. 김작가는 같은 공간에 자신의 모든 것을 집약해 몰아넣음으로써 240만이 넘는 구독자 수를 확보할 수 있었다.

김작가처럼 자신만의 루틴을 만들기 위해서는 자신이 머무는 공간도 그에 맞는 구조와 배치로 세팅해야 한다. 나는 재택근무를 위해 방 하나를 업무공간으로 개조했다. 가장 큰 차이점은 업무공간에서는 슬리퍼를 신고 와이셔츠를 반드시 착용한다는 것이다. 방 중앙에 책상을 배치해 두고 이 방의 분명한 목적을 표시했다. 그러기에 방에 들어오는 순간 내 몸이 업무를 하겠구나 하는 느낌을 받고 곧바로 업무 모드로 돌입할 수 있다. 반복적인 행동을 촉진하려면 이를 위한 적절한 환경을 트랜스포밍

해야 한다. 각 공간은 수행할 활동에 대해 명확한 신호를 보내기 때문이다.

애플의 창업자 스티브 잡스(Steve Jobs)는 단순함과 반복의 힘을 통해 혁신적인 결과를 만들어낸 대표적 인물이다. 그의 옷장에서 늘 있던 검은 터틀넥, 청바지, 그리고 운동화는 단순히 그의 스타일이 아니라, 루틴의 강력함을 보여주는 상징이었다. 매일 같은 옷을 입는 것은 '옷을 고르는' 사소한 결정을 줄여 더 중요한 일에 집중할 수 있게 해주는 전략이었다.

잡스는 애플 사옥 내에서도 자신의 루틴과 공간을 최적화했다. 그는 회의실을 단순히 회의를 위한 장소로 두지 않고, 브레인스토밍과 아이디어를 구체화하는 공간으로 트랜스포밍 했다. 회의는 주로 서서 진행되었고, 불필요한 장식이나 복잡한 요소를 모두 배제해 대화와 결정에만 집중하도록 설계했다. 이처럼 공간과 루틴의 통합은 애플이 세계적인 혁신을 이루는 데 큰 역할을 했다.

매일 반복되는 루틴은 삶을 특별하게 만드는 도구다. 작은 행동의 반복이 큰 변화를 만들어내고, 안정적인 기반이 되어 준다. 루틴은 단순히 하루를 채우는 것이 아니라, 우리의 미래를 설계하는 과정이다. 하지만 인간의 의지력에는 언제나 한계가 있다. 매 순간 새로운 결정을 내리는 데에는 큰 에너지가 필요하다. 하지만 공간을 시스템화해서 루틴에 따르도록 구축한다면 습관은 내가 의지력이 부족한 날에도 지속될 수 있다. 내가 머무르는 방에 모든 잡동사니를 치우고 중앙에 책상과 편안한 의자를 배치한다면 어떤 일이 일어날까. 루틴은 공간의 도움을 받았을 때 더욱 쉽고 견고하게 지속될 수 있다.

루틴을 만들기 위한 공간을 설계할 때 가변성에 대해서도 고민해야 한다. 자신에게 최적의 루틴을 만들기 전까지는 수많은 시행착오가 있다. 처음 생각했던 목표와 만들려 했던 루틴을 변경해야 할 때도 있다. 목표가 수정될 수 있고, 그런 상황도 시간에 따라 달라질 수 있다. 공간 설계를 처음부터 바꾸지 못하도록 확정적으로 구축해 놓으면 루틴을 변경해야 할 경우, 오히려 공간이 걸림돌이 되기도 한다. 예를 들어 자격증 공부를 위한 공부방을 꾸미기 위해 너무 큰 책상을 사서 배치했다가, 공부와 함께 유튜브도 찍어야 한다면 큰 공부 책상은 어울리지 않게 된다.

따라서 공간 설계는 유연성과 다목적성을 고려해야 한다. 필요에 따라 변형하거나 새로운 용도로 활용할 수 있는 가구와 배치를 선택하는 것이 중요하다.

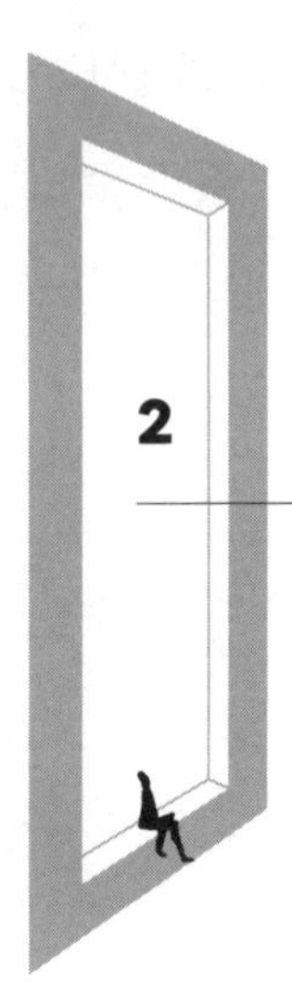

2 손흥민을 몰입하게 만든 공간

공간을 어떻게 트랜스포밍 하는가에 따라 사람의 운명이 결정된다. '아무것도 없는 빈 곳'이란 공간이 어떻게 사람의 운명을 결정하게 되는 것일까?

사람은 누구나 머물 수 있는 공간을 가지고 있다. 그저 잠자고 쉬는 공간으로만 알고 있던 공간이 사실은 나의 운명을 결정하는 존재라면 이건 보통 일이 아니다.

공간이 정말 그런 파괴력을 가지고 있을까? 이를 알아보기 위해 축구선수 손흥민의 공간을 들여다보자. 손흥민은 우리가 너무나 잘 알고 있듯이 축구를 잘하는 선수를 넘어, 전 세계 축구팬들로부터 사랑받는 예술가 같은 존재다. 그의 유연한 드리블, 폭발적인 스피드, 그리고 양발을 자유자재로 사용하는 능력은 모두 그만의 독특한 성장 배경과 훈련 환경에서 비롯되었다. 특히 그의 성공 뒤에는 '공간' 중심으로 트랜스포밍을 한 아버지 손웅정 씨의 교육철학이 깊게 자리 잡고 있다.

| 가구가 없는 집, 축구가 채운 공간 |

연습 벌레였던 손흥민 선수의 집이 공놀이를 할 수 없는 일본식 다다미 형태였다면 아마도 세계적인 축구 영웅은 태어나지 않았을지도 모른다.

손흥민이 어린 시절을 지낸 집은 특별했다. 그곳엔 침대나 책상이 아닌, 온통 공과 손흥민의 연습을 위한 여백이 있었다. 손웅정 씨는 아들의 꿈을 위해 가구를 없앴다고 한다. 대신 집을 축구 기술을 반복 훈련할 수 있는 공간으로 꾸몄다. 탁 트인 공간은 손흥민이 공을 다루는 감각과 컨트롤 능력을 자연스럽게 익히도록 했다. 이 공간에서 그는 끝없이 공을 차고, 멈추고, 다시 차는 연습이 가능했다. 반복적인 훈련을 위한 공간은 아들에게 안정적인 환경을 제공했으며, 이는 기술 습득을 넘어 집중력과 인내심을 기르는 데도 기여한 것으로 보인다.

| 반복 연습의 결과: 경기장에서 빛나다 |

손웅정 씨의 철학은 단순했다. "기본기가 탄탄하지 않으면 아무리 뛰어난 재능도 무너진다." 그는 손흥민이 하루 6시간 이상 기본기를 반복 연습하도록 지도했다. 그중에서도 양발을 사용하는 훈련이 그를 최고 선수로 만드는 데 중요한 역할을 했다. 손흥민은 오른발과 왼발 가리지 않고 동일한 정확도와 힘으로 공을 다루기 위해 매일같이 연습에 몰두했다.

이때의 반복 연습량은 시간이 흐르며 경기장에서 놀라운 결과를 만들어냈다. 손흥민은 양발을 자유자재로 사용하는 몇 안 되는 세계적인 선수로 자리 잡았다. 토트넘 홋스퍼(Hotspur) 소속으로 뛰는 동안 그는 왼발과 오른발을 가리지 않고 골을 만들었다. 특히 2019년 첼시와의 경기에서 70m를 단독으로 질주해 골을 넣은 장면은 나를 포함한 전 세계 축구팬들에게 충격과 감동의 명장면이었다. 이 골은 손흥민의 반복 훈련이 단순한 기술을 넘어,

경기 중 압박 상황에서도 정확한 판단과 동작으로 연결된다는 것을 증명한다.

| 공간과 반복 연습의 상관관계 |

손흥민 선수가 훈련했던 집은 반복 연습을 가능하게 만든 최적의 전략적 훈련 공간이었다. 그의 아버지 손웅정 씨는 그에게 단순히 공간을 제공한 것이 아니라, 그 공간의 활용 방식을 트랜스포밍 했던 것이다. 손흥민 선수만을 위한 이 특이한 설계는 그를 세계 최고의 선수로 만드는 데 중요한 역할을 했다.

| 몰입을 위한 공간 |

가구가 없는 공간은 손흥민이 외부의 방해 없이 공과 온전히 마주할 수 있도록 도왔다. 이러한 환경은 훈련에 몰입도를 높이고, 심리적 안정감을 제공했다.

| 반복을 위한 공간 |

공이 어디에 부딪혀도 문제가 없는 공간은 손흥민이 동작 기술을 무한히 반복할 수 있도록 물리적 여건을 제공했다. 이러한 공간의 여백은 실험과 실패를 허용하며, 창의적 기술을 발전시킬 수 있는 그만의 무한 연습장이 되었을 것이다.

| 집중력과 인내심을 위한 공간 |

한정된 공간에서 반복적으로 같은 동작을 수행하는 과정을 통해 손흥민은 집중력과 인내심을 길렀다. 이는 그가 경기 중 고도의 집중력을 발휘하고, 압박 상황에서도 흔들리지 않는 멘탈을 장착하는 데 일조했다.

| 공간이 만든 선수 |

손흥민의 성공은 그의 재능뿐만 아니라, 그를 위해 설계된 특별한 공간에서 비롯되었다. 그 공간은 단순한 장소가 아닌, 그의 가능성을 키우는 도구였다. 손웅정 씨가 가구 없는 공간을 선택한 것은 단순한 절약의 문제가 아니라, 삶 전체를 축구를 중심으로 한 전략적 선택이었다. 단지 가구를 없애고 공간을 확장했을 뿐인데 손흥민의 운명은 달라진 것이다.

공간의 형태에 따라 사람의 운명이 결정된 사례는 손

홍민 선수뿐이 아니다. 축구황제 리오넬 메시에겐 어린 시절의 작은 공터가 그를 세계적 축구선수로 탄생시킨 공간이었으며, 올림픽 역사상 가장 많은 메달을 획득한 수영 선수 마이클 펠프스 역시 일곱 살 때부터 하루 5시간씩 물속에서 반복적으로 훈련할 수 있는 수영장이 있었다. 이들에게는 아주 어릴 적부터 자신만의 공간을 부모로부터 제공받거나 스스로 창조했다는 것을 알 수 있다.

이처럼 공간은 단순한 생활의 배경이 아니라, 인간의 능력을 끌어내는 핵심 도구가 될 수 있다. 자신만의 적합한 공간은 단순히 머무는 장소가 아닌, 꿈을 향해 꼭 필요한 발판이 된다. 단 하나의 꿈을 위해, 단 한 사람을 위해 존재하는 비어 있는 공간은 한 사람의 삶을 완성하는 무대로, 전략적 공간으로 무한히 트랜스포밍이 가능하다.

3 공간이 비추는 나의 모습

부동산 중개사무소에 들렀던 적이 있다. 그곳에서는 부동산 상담과 함께 커피를 판매하고 있었는데, 처음에는 신선한 시도처럼 느껴졌다. 하지만 상담을 받는 과정에서 어수선한 분위기와 혼란스러운 동선이 신뢰감을 떨어뜨렸다. 직원들은 상담 도중에도 커피 주문을 받느라 분주했고, 이곳이 부동산 전문업체인지 카페인지 모호했다. 그 공간은 목적을 잃었고, 그로 인해 상담이 만족스럽지 않았으며 부동산 사장의 말도 신뢰할 수 없게 되었다.

사람들 대부분이 자신의 공간을 목적에 맞게 구성하는 법을 배우지 못했다. 하나의 공간에서 의식주를 모두 해결하는 것이 효율적이라고 말하기도 한다. 하지만 공간이 목적을 잃으면 물건은 체계 없이 쌓이고, 재사용 가능성은 기하급수적으로 낮아지며, 결국 공간 자체가 에너지를 잃게 된다.

책상 위에 잡동사니가 쌓이기 시작하면 그 공간은 더 이상 작업과 몰입의 장소가 될 수 없다. 오히려 옷을 걸쳐 놓거나 다른 물건을 임시로 올려두는 곳으로 바뀐다. 옷장 안에 있어야 할 옷들이 문 앞에 쌓이고, 소파 위에도 아무렇게나 놓인 물건들로 인해 편히 앉을 수 없게 된다.

이런 무질서한 공간에서 살아가다 보면, 어느새 공간의 목적을 잃게 되고, 목표했던 도전과 실행들마저 잃게 된다. 아무런 의미와 목적을 향한 에너지를 주지 못하는 공간에 들어서면, 그 순간 오히려 자신의 에너지가 빠져나감을 느끼게 된다. 여행을 떠나고 싶거나, 심지어 이사를 가고 싶다는 충동이 생기는 것도 그 때문이다. 공간이 휴식과 위로를 주지 못하기 때문에, 그 공간에서 벗어나고 싶어지는 것이다.

무분별하게 구매한 물건들이 공간의 목적을 잃게 하기도 한다. 우리는 물건을 구매할 때 기대와 의지로 가득 찬다. 예를 들어, 피아노를 내 방에 들여놓으며 베토벤 소나타 전곡을 연주하겠다는 열정도 품는다. 휴식을 위한 공간에 피아노를 배치했다면 영향이 없을 수 있다. 만일 공부방에 피아노가 있다면 방에 들어갈 때마다 시선은 피아노와 책상을 교차하게 된다. 공부를 해야 할지, 피아노를 쳐야 할지 마음가짐이 흐트러지는 것은 당연하다. 현실은 바쁘고, 피아노 연습 주기는 점점 늘어난다. 그러다 보면 피아노는 기쁨을 주는 도구가 아니라, 스트레스와 부담을 주는 불편한 존재가 된다.

공간이 목적을 잃으면 물건은 체계 없이 쌓이고, 결국 그 공간은 더는 에너지를 주지 못하는 혼돈의 장소로 변해버린다.

건축학에서는 공간의 여백, 즉 비움에 대해 끊임없이 강조한다. 여백은 단지 물리적인 공간이 아니라, 거기서 생활하고 머무는 사람의 생각과 에너지가 자유롭게 흐를 수 있는 심리적, 정서적 공간을 제공하기 때문이라고 한다.

건축가 조진만은 여백의 의미에 대해 다음과 같이 말했다. "여백이라는 것의 의미는 아무 목적도 없는 '0'의 공간이 아니라, 사용하는 사람들의 자발적이고 적극적인 개입과 아이디어에 의해 무한한 가능성이 확장되는 시작으로서 '0'의 공간이다."

공간을 사용하는 사람의 자발적이고 적극적인 개입과 아이디어로 공간을 구성하라는 의미는 공간에 명확한 목적을 주라는 것이다. 작업을 위한 공간, 휴식을 위한 공간 등으로 공간을 정의할 수 있다. 하나의 공간에서 어떤 일을, 어떤 동작을 할 것인지를 명확히 선언하면 그 공간에 들어섰을 때 그에 맞는 에너지가 공간으로부터 발산된다.

목적에 맞는 공간은 그 안에 있는 사람에게 집중과 몰입을 가능하게 해준다. 목적에 따라 구성된 공간은 우리를 특정한 역할에 몰입하도록 도와준다. 정돈된 책상은 작업의 능률을 높이고 오래도록 집중할 수 있게 한다. 침실에 들었을 때 깔끔한 침대와 편안한 조명은 휴식을 온전히 누릴 수 있게 해준다.

이처럼 공간이 목적에 맞게 단순하고 질서 있게 정돈

되어 있다면 시각적 자극이 줄어들어 마음도 평온해진다. 이는 더 나은 삶의 방향성을 설정할 여유를 제공한다.

목적에 따라 구성된 공간은 우리가 추구하는 목적과 삶의 방향성을 끊임없이 상기시켜 주고, 목표에 더 집중할 수 있게 에너지를 제공한다.

공간의 목적성을 강조한 심리학자 빅터 프랭클(Viktor Frankl)의 말처럼, 삶은 우리가 부여하는 의미에 따라 달라진다.

"삶의 의미는 우리가 스스로 부여하는 것이다."

이처럼 공간에도 자신의 목적과 의미를 부여하고 그것을 유지하는 노력이 필요하다.

공간이 목적에 맞게 구성될 때, 우리는 그 안에서 에너지를 얻고 삶의 방향을 명확히 하며 목표를 실현할 수 있다. 지금 살고 있는 내 집, 내 방을 목적에 맞게 구성하는 것부터 시작해보자. 공간의 변화는 곧 삶의 변화로 이어질 것이다.

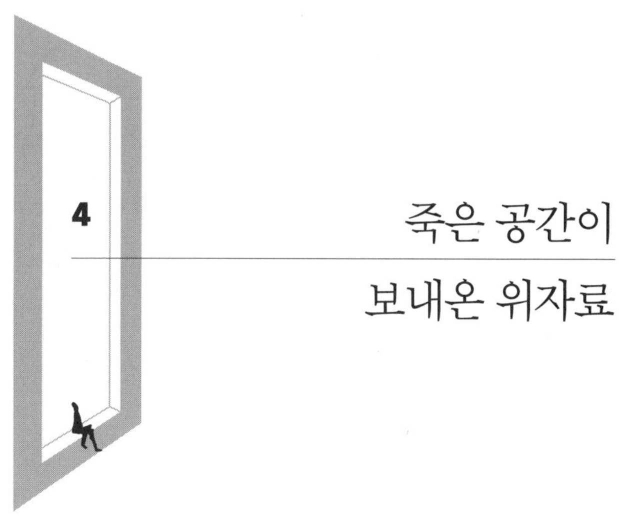

4 죽은 공간이 보내온 위자료

우리는 마음만 먹으면 편리하고 저렴한 상품들을 손쉽게 구매할 수 있다. 다이소에는 상상하는 거의 모든 생활용품들이 진열되어 있다. 심지어 저렴하기까지 하다. 쿠팡은 익일배송이라는 놀라운 유통시스템을 구축했다. 이들의 안정적이고 신속한 유통구조는 시장은 물론이고 우리 삶의 형태마저 변화시켰다. 이제 더이상 물건을 집에 쌓아놓을 필요가 없어졌다.

그럼에도 여전히 물건을 한꺼번에 많이 사두곤 한다. 한시적으로 가격할인을 할 때가 그렇다. 이쯤에서 궁금해진다. 대량구매가 정말 유리한 걸까?

온라인 쇼핑몰에서는 365일 상품을 판매한다. 그곳에서 원하는 기능이나 품목을 서치하면 브랜드별, 가격별로 원하는 모든 상품을 한눈에 찾아낼 수 있다. 다양한 브랜드와 합리적인 가격, 소비자 취향에 맞춘 모양이나 색의 제품들이 끝도 없이 나열된다.

할인행사를 찾아 지하철을 타고 오프라인 매장을 찾아 헤맬 필요가 없어졌다. 온라인으로 내가 원하는 상품이 몇 개 남아있는지 실시간 확인도 가능하다. 단 한 번의 클릭으로 다음날 새벽, 문 앞에서 상품을 받아 볼 수 있게 되었다. 고가의 물건이나 전자제품만을 말하는 것이 아니다. 계란, 우유, 대파 등 신선식품조차 다음날 새벽에 배송돼 아침상에 올릴 수 있는 시스템이 우리 곁에 있다. 이러한 유통혁명은 사재기라는 말을 완전히 삭제해 버렸다.

그럼에도 여전히 많은 물건이 집에 쌓이는 이유는 무엇일까?

충동 구매와 정리하지 않는 습관 때문이다. 쇼호스트가 선보이는 멋진 재킷을 내년 여름을 위해 미리 구매할 때가 종종 있다. 배송된 옷을 한번 입어보고 그대로 옷장에 걸어 둔다. 사이즈가 조금 작은 듯하지만 러키비키(Lucky Vicky)이다. 다이어트를 시작해야 할 이유를 발견했으니까. 살을 빼고 나서 구매한 옷을 멋지게 입고 외출하는 모습을 상상한다. 그런데 다음해 여름이 되면 한 번도 입지 않은 옷이라 버릴 수도 없고, 살이 빠지지 않아 입지도 못하는 난감한 상황이 벌어진다.

충동 구매 품목은 옷뿐만이 아니다. 인테리어 조명, 정리함, 운동기구도 단골로 등장하는 상품들이다. 이런 생활형 액세서리들은 가볍게 내 주변을 개선해줄 거라는 상상을 하게 한다.

하지만 집에 도착하는 순간 구석에 처박히거나 관심에서 멀어지게 된다. 결국, 버리지도 쓰지도 못하는 천덕꾸러기로 맴돌다가 창고나 눈에 잘 띄지 않는 구석으로 밀려난다.

물건을 구매하는 즉시 후회하면서도 끊임없이 물건을 사들이는 습성을 포기하지 못하는 이유는 뭘까. 이런 습성은 먼 원시인류가 남긴 생존본능과 연관 있을 수 있다. 사냥과 채집에 의존하던 원시인류는 음식공급이 일정하지 않았다. 사냥에 성공한 날이 아니면 음식과 자원이 언제나 부족했다. 원시 환경에서는 음식이 풍부할 때 최대한 섭취하고 남는 에너지를 체내에 저장하여 기근이나 식량 부족 시기를 대비해야 했다. 인류는 에너지를 효율적으로 저장하고, 에너지 소비를 최소화하는 방식으로 진화했다.

현대 사회에서 음식은 풍족해졌지만, 신체는 여전히 원시 환경에 적응된 상태로 작동한다. 즉, 과잉 섭취한 에너지를 '필요 없는 기근'을 대비하기 위해 지방으로 저장하려는 경향이 지속되고 있는 것이다.

우리는 필요 없는 기근에 대비하기 위해 끊임없이 물건을 쌓아놓으려는 본능을 진정시켜야 한다. 말초적인 기쁨을 얻기 위해 물건을 충동적으로 구매하면 아무리 큰 공간이라도 얼마 가지 않아 포화 상태가 된다. 물건들로 가득 쌓인 집에서는 사람이 머물지 못한다. 그 모든 물건이 나를 위한 것이어도 내가 머물 공간을 차지하고 있다면, 나는 가장 중요한 것을 잃게 된다.

스타벅스가 공간을 잃으면 어떻게 될지 가정해 보자. 스타벅스에는 언제나 사람들로 북적인다. 창가에는 연인들이 앉아 소곤소곤 차를 마신다. 안쪽 테이블에는 노트북을 펼쳐놓고 과제에 집중하는 학생들이 차지한다. 중앙에는 바이어와 미팅을 하는 샐러리맨도 보인다.

만일 스타벅스에서 더 맛있는 커피와 서비스를 제공하기 위해 손님이 앉아야 할 자리를 없애고 커피머신과 커피 자루들을 가득 쌓아놓는다면 어떻게 될까?

카페 공간에 손님이 앉을 자리가 없다면 그곳에 갈 이유가 없어진다. 물론 테이크아웃 손님도 있겠지만, 스타벅스만의 분위기와 안락한 소파, 편안한 질감의 테이블들이 전체적인 공간을 구성하면서 그 안에 손님을 머물게 한다.

스타벅스는 나를 위한 공간을 확보해주고 보호해준다는 무언의 약속을 지키기 때문에 우리가 그곳에서 만남을 약속하고, 혼자서도 찾아가 시간을 보내는 것이다. 그곳에 가면 나를 위한 공간이 준비되어 있는 것이다.

내 집이 물건들로 가득 쌓여 있다면 나를 위한 공간이 사라진 것이다. 공간을 잃게 됨으로써 나뿐 아니라 사람들을 초대할 수 없게 된다.

하지만 쾌적하고 친절한 공간은 사람들을 모여들게

한다. 모인 한 사람 한 사람은 그 무엇과도 바꿀 수 없는 소중한 기회를 나에게 주려고 온 것이다. 집에 가득히 쌓여 있는 물건들은 손님을 원천 차단한다. 생각 없이 구매한 물건들이 미래의 나를 질식시킨다.

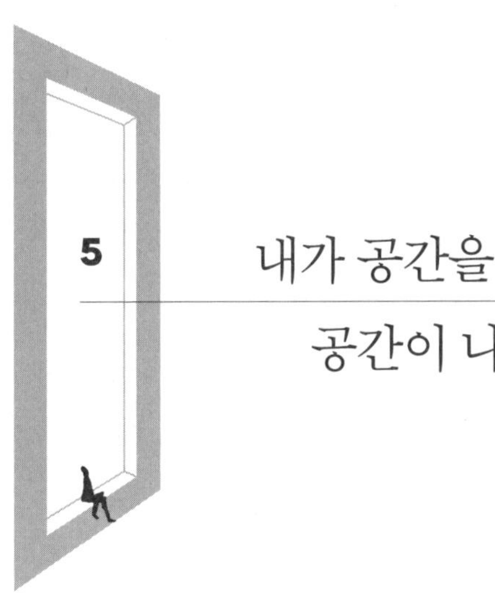

5 내가 공간을 선택하고, 공간이 나를 만든다

공간은 단순히 우리가 살아가는 물리적 장소를 의미하는 것을 넘어, 삶의 모든 가능성과 의미를 담는 그릇이다. 공간의 의미는 물리적인 공간, 심리적 공간, 철학적 공간 등 다양하게 정의 내릴 수 있다.

우리에게 친숙한 사회적 공간의 의미는 사람이 존재할 수 있고 사회적 관계를 만들어 낼 수 있는 사회적 상호작용이 가능한 장소라고 한다. 이런 사회적 공간인 광장, 카페, 공원 같은 공간은 사람들이 교류하고, 아이디어를 나누고, 문화를 형성하는 중심지가 된다.

그러면 문화는 어떻게 형성되는 것일까? 인간의 의도인 듯하지만 사실 공간을 중심으로 인간이 모이고, 인간이 모여 사회와 문화가 형성된다. 좋은 공간이 먼저고 그 다음에 사람들이 그 공간으로 모여든다는 것이다. 사람이 모일 때 공간은 저마다의 색을 갖게 된다. 그 공간에 들어간다는 말은 내가 그 공간의 색을 받아들이고 동기화된다는 뜻이다. 어떤 사람이 지금 어느 위치의 공간에서 있는지, 어떤 사회적 공간에 놓여있는지에 따라 그 사람의 미래가 결정된다.

강남역은 서울의 주요 상업 지구 중 하나로, 하루 평균 유동인구가 약 10만 명에 달한다. 특히 출퇴근 시간대와 주말에는 유동인구가 더욱 증가하는 경향이 있다. 이러한 높은 유동인구는 강남역이 서울의 핵심 교통 허브이자 상업 중심지로서의 역할을 하기 때문이다.

강남역 지하상가 한복판에 서 있어본 적이 있다. 수많은 2030 젊은이들이 나의 곁을 지나갔다. 대부분 밝은 미소를 띠고 있다. 마치 파티에 온 사람들처럼 옷차림도 화려하다. 가방을 멘 학생들은 스마트폰에서 눈을 떼지 않고 또 다른 곳으로 이동한다. 만난 지 일주일도 안 돼 보이는 20대 남녀 커플이 수줍은 듯 손을 잡고 카페로 향한다. 이들은 강남에 물들어 있다.

반대로 시골의 한적한 버스 정류장에는 하루 몇 명의 사람이 머물다 갈까? 시내로 나가기 위해 어르신과 학생이 버스를 이용한다고 했을 때 강남역에 비해 상대적으로 극히 적은 수임은 분명하다. 새소리, 바람 소리를 들으며 버스를 기다린다. 시간에 정확히 맞춰 가야 할 약속이 있는 것도 아니다. 친구가 이곳 시골 마을까지 찾아오는 일도 없다. 더 깊은 생각, 오직 나와의 대화가 끝없이 이어진다.

사람들이 모이는 공간과 그렇지 않은 공간에는 어떤 차이점이 있을까? 한 지점에서 다른 지점으로 이동할 때 반드시 통과해야만 하는 위치에 있다면 자연스럽게 사람들이 모여들고 흩어질 것이다. 교통은 사람들의 삶의 궤적을 통제한다. 사람들이 많이 모이는 곳에 시장이 열리는 것은 자연스러운 일이다. 사람들과 함께 직장과 학교, 정부 기관들이 들어서면서 공간은 발전한다.

지방의 2030 예비직장인들이 서울로 모여드는 이유는 서울이 좋아서라기보다 다양한 취업 기회가 열려 있기 때문이다. 회사 입장에서도 사람들이 많이 모이는 도시에서 직원을 쉽게 채용할 수 있다. 도시에 회사가 모여 있고, 직장을 구하는 젊은이들이 도시로 모여든다. 도시 문화가 고도로 발달하면서 경쟁도 그만큼 치열해진다. 도시 생활은 언제나 경쟁이다.

2030 직장인들은 자신의 의사와는 무관하게 이미 경쟁에 발을 들여놨다. 부모가 도시에서 경쟁에 뿌리를 내렸고 그 이후의 세대이기 때문이다. 그들은 스스로 경쟁을 일으킨 것이 아니기에 이미 달리고 있는 자신을 발견하게 될 때 혼란스럽다.

가끔은 무한경쟁의 고속도로에서 이탈해 자신만의 오솔길을 향해 떠나는 용감한 2030 후배들도 보인다. 레드오션이 아닌 블루오션을 찾아 떠나라는 자기개발서도 어렵지 않게 발견한다. 그 어디에 길이 있는지는 아무도 모르지만, 누구나 그 어디쯤 머물고 쉴 공간이 필요하다는 사실엔 변함이 없다. 그 공간이 나만을 위한 것일 수도, 우리를 위한 공간일 수도 있다. 아무도 찾지 않는 공간에 나를 있게 할 수도 있고, 매일 10만 명이 다녀가는 공간에 나를 존재하게 할 수 있다.

공간을 선택하는 것은 자신의 정체성과 연결되어 있다. 자신의 정체성과 맞지 않는 공간은 나에게서 에너지를 빼앗아가고 삶을 더욱 압박하기만 한다. 물리적으로 아무리 아름답고 안전한 공간이라 하더라도 나에게 맞지 않으면 머물기 어려운 공간이 될 것이다.

철학자들의 통찰에 따르면 공간은 단순히 물리적인 장소가 아니라, 우리의 경험과 존재를 담아내는 틀이다. 칸트는 공간을 우리가 경험을 가능하게 하는 형식으로 보았고, 하이데거는 공간을 인간 존재의 방식으로 해석했다. 이처럼 공간의 본질에 대한 다양한 정의는 우리가 공간을 바라보는 방식을 확장해준다.

결국, 공간은 물리적, 심리적, 철학적 차원에서 우리 삶의 중요한 근본 요소로 자리 잡고 있다. 공간으로부터 부여받는 경험과 에너지에 따라 사람의 삶이 변화된다면, 지금 어디로 가서 어떤 공간과 만날 것인지를 깊이 성찰해볼 필요가 있다.

4
장

리포밍 : 공간을 바꾸면 인생이 바뀐다

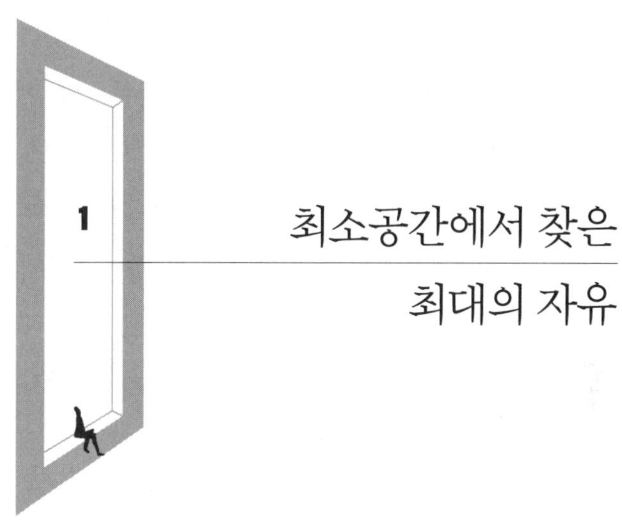

1 최소공간에서 찾은 최대의 자유

70년대를 겪어온 선배들에게 집이란 가족이 함께하는 평화와 사랑의 공간이다. 하지만 2030 세대가 바라보는 집이란 공간은 많이 복잡하다.

현대에 들어서면서 인터넷은 모든 사회적 시스템을 빨아들였다. 직장에 출근하는 대신 재택근무를 하고, 두부 한 모를 사기 위해 시장에 가는 대신 인터넷 쇼핑몰에서 클릭 한 번으로 해결한다. 연말이면 선술집에 모여 거나하게 취하는 대신 각자 자기 방에서 랜선 모임에 참여하기도 한다. 코로나19 팬데믹은 우리의 생활 방식에 큰 변화를 가져왔다. 재택근무와 원격 학습이 일상화되면서 개인의 공간 활용에 새로운 접근이 필요하게 되었다. 하이브리드 공간의 필요와 활용에 관심이 높아진 것이다. 하이브리드 공간 구축은 집이란 공간을 다양한 용도로 쓸 수 있도록 설계해 집의 효율성을 극대화하는 것이다.

집의 역할은 단순한 휴식의 공간에서 다양한 기능과 업무를 수행하는, 일과 삶의 균형을 도모하는 복합적인 플랫폼으로 진화하고 있다. 특히 자기개발에 관심이 많고, 미래에 대한 기회와 도전에 대비해야 하는 2030 후배들에게 집은 더 많은 역할이 요구된다. 집은 고유 기능인 휴식은 물론, 회사의 역할을 대신해 작업장의 기능도 제공해야 한다. 자기개발을 위한 실험과 도전의 생활환경도 제공해야 한다. 이전보다 상상할 수 없을 만큼 집에 오래 머물러 있어야 하므로, 이제 집은 최첨단 시스템과 카페와 같은 감수성도 제공해야 한다.

나도 가끔 집에서 화상 회의를 주재할 때가 있다. 회의 성격에 따라 카메라를 켜기도 하고, 끄기도 한다. 나는 카메라를 켜고 오프라인 회의 때처럼 아이컨택(eye contact) 하며 회의하기를 좋아한다. 집에서 하는 회의라고 해서 회사 회의실에서 진행하는 회의와 차이점은 없다. 각자의 업무 범위를 정하고 계획을 만드는 일이다. 집은 훌륭한 회사 업무공간이 된다.

집은 때로 사교의 공간을 내어주어야 할 때도 있다. 친구 집에 초대되어 주방 식탁에 앉거나 거실에 앉아 이야기를 나누면, 신기하게도 카페나 식당에서 주고받는 이야기와는 그 깊이와 결이 다르다. 좀 더 진솔해지고 더 깊이 있는 이야기를 쏟아내게 된다. 이때 집은 훌륭한 카페가 된다.

무엇보다 2030 직장인에게 집은 도전의 공간이 된다. 그곳에서 그는 10년 후 또는 자신의 최종 목적지를 꿈꾸며 밤을 새울 수 있다. 누구의 간섭과 방해도 받지 않은 채 집중할 수 있는 나만의 공간, 나의 방은 내 꿈의 인큐베이터인 셈이다.

이처럼 집은 훨씬 더 다양하고 중요한 공간의 역할을 한다. 휴식과 업무, 자기개발에 이르기까지 2030 직장인들에게 집에서 필요한 기능들이 훨씬 더 많아진 것이다.

최근에 이런 공간에 대한 니즈는 더 다양해지고 더 강력해지고 있다. 우리가 공간의 선택과 공간의 활용에 더 신경 써야 하는 이유가 바로 여기에 있다. 공간을 단순한 공간으로만 생각하고 그저 정해진 대로 이용하고 있는가?

오늘 내 공간에 대한 활용도를 200% 올리는 프로젝트를 시작해보자. 단 공간은 반드시 질서 있게 정리되어야 하고, 자신에게 지속해서 에너지를 제공해줄 수 있도록 트랜스포밍 해야 한다.

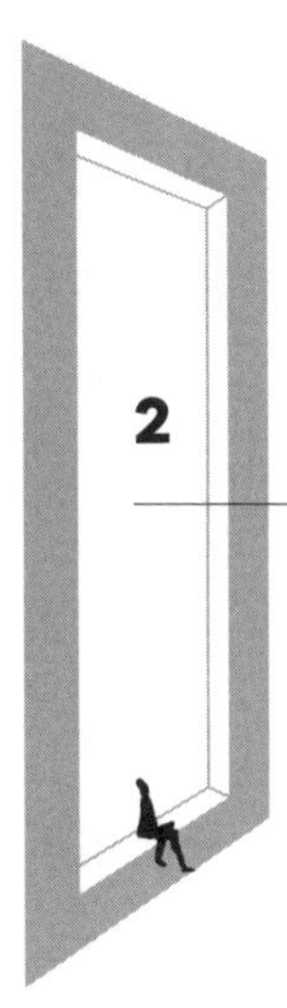

2 인생은 투룸부터

1980년대, 한국의 집은 단 하나의 방으로 모든 것을 해결하던 시대였다. 엄마, 아빠, 아들, 딸. 네 식구가 한 방에 모여서 잤다. 한겨울, 연탄가스가 방에 새어 들어와 온 가족이 비극적으로 세상을 떠났다는 뉴스가 심심치 않게 들리던 시기였다. 그 방은 식사하는 곳이었고, 잠자는 곳이었으며, 아이들이 공부하는 곳이기도 했다. 하지만 그 공간은 휴식도, 안전도, 집중도 보장하지 못했다. 그 시절의 집은 생존을 위해 겨우 유지되던 공간일 뿐이었다. 아빠가 직장에 출근하기 전까지 대기하던 곳, 아이들이 학교 가기 전에 잠시 머물던 공간의 역할 뿐이었다.

그 방은 누구의 것도 아니었고, 동시에 모두의 것이었다. 하지만 그로 인해 불편함과 비극이 뒤따랐다. 공부하는 아이는 조용한 공간이 필요했고, 부모는 잠시나마 쉴 수 있는 곳이 필요했다. 모두의 요구를 담아내기에는 방이 턱없이 모자랐다.

이제 우리는 완전히 다른 세상에 살고 있다. 연탄 보일러 집이 사라진 지 오래다. 대신에 최신 IOT 기술이 접목된 신축아파트가 사람들의 관심을 모으고 있다. 이제 공간은 더 개인화되고 복잡해졌다. 집이 업무와 휴식을 동시에 요구받는 지금, 한 사람이 사용하는 방 하나로는 사회적 요구를 감당할 수 없는 시대가 되었다. 이제 집은 휴식, 업무, 자기계발, 심지어 원격근무까지 모든 것을 해결해야 하는 다기능 플랫폼이 되었다. 과거의 방 하나로는 이 모든 것을 감당할 수 없다.

2030 세대에게 투룸은 선택이 아니라 필수다.

특히 2030 직장인은 원룸이 아닌 투룸이 필요해졌다. 부모로부터 간신히 독립해 원룸으로 시작하는 직장인에겐 안타까운 현실이다. 그러나 현실을 외면한 채 80년대

생활 방식으로 살아도 된다는 달콤한 위로를 하기에는 그 길을 미리 걸어온 선배로서 양심이 허락하지 않는다.

오늘날 많은 직장인이 집에서 업무를 본다. 특히 코로나 팬데믹을 겪으면서 우리 사회는 집과 회사의 공간 개념을 근본적으로 바꿔놓았다. 기업은 더이상 직원들을 사무실로 불러들이지 않게 되었다. 기업들은 사무실의 필요성을 재평가하며, 직원들을 위한 물리적 공간을 줄이고 원격근무를 적극적으로 도입했다. 출근 시간이 줄어들었고, '지각'이라는 개념도 희미해졌다. 회사가 직원들에게 요구하는 공간의 변화는 이제 직장인 개인의 공간 설계에도 근본적인 변화를 요구하고 있다. 직원들은 업무공간을 회사가 제공해주는 공간이 아니라 스스로 마련해야 하는 상황에 놓였다. 눈치 빠른 직장인들은 서둘러 집에 업무기지를 구축하고 자연스럽게 직장생활을 이어갈 수 있었다.

이들은 집에 대한 휴식공간 개념을 부숴버리고 집을 삶의 터전으로 새롭게 인식했다. 이런 인식은 하나의 방에서 개인적 일을 모두 해결했던 과거의 방식과는 맞지 않았다. 작업실과 휴식공간의 분리가 필요하다는 것을 알게 된 것이다. 이는 단순히 공간의 편리함 이상의 문제이다. 하나의 방에서 휴식과 업무를 병행하면 업무 집중력이 떨어질 뿐 아니라 휴식의 질도 나빠진다. 나는 코로나 시기에 갑작스럽게 집으로 쫓겨나 업무를 시작해야 했다. 처음엔 침대에 걸터앉아 노트북을 열어 일했다. 침대는 오래 앉아 있을 수도 없고, 자꾸만 잠을 불러오는 업무에 매우 취약한 자리였다. 침대에서는 절대 업무를 할 수 없다는 결론을 반나절 만에 얻었다.

작업실은 '작업만' 할 수 있는 공간이어야 한다. 사무실을 떠올려 보자. 회의실, 탕비실, 휴게실, 업무공간으로 명확히 구분되어 있다. 각각 공간이 처음부터 목적에 따라 설계되었기 때문에 직원들은 필요한 환경에서 최고의 업무 효율을 발휘할 수 있는 것이다.

집에서도 동일한 원칙이 적용되어야 한다. 사무실 업무를 집으로 가져왔으니 당연히 사무공간이 필요한 것이다. 휴식공간과 작업공간은 엄연히 분리되어야 한다.

작업실에는 적합한 가구와 장비를 배치해야 한다. 오피스 전용 책상, 듀얼 모니터, 고속 인터넷 공유기, 프린터 등은 기본적으로 설치해야 한다. 이와 함께, 업무와 관련 없는 개인 물건은 철저히 작업공간에서 배제해야 한다. 이런 방식으로 작업실을 구성하면, 집에서도 사무실과 유사한 집중 환경을 조성할 수 있다. 그러기 때문에 2030 직장인에게 두 개의 방이 필요한 것이다.

——— 원룸이 아닌 투룸이 필요한 이유

원룸은 구조적으로 공간 분리가 어렵다. 침대와 책상이 같은 공간에 위치하면, 잠자리에 들 때도 일이 떠오르고, 일할 때도 쉬고 싶은 유혹에 시달린다. 투룸은 이러한 문제를 원천적으로 차단한다. 침실과 작업실을 완전히 분리함으로써, 각각의 공간에 맞는 기능을 온전히 수행할 수 있다.

그럼에도 경제적인 여건 때문에 투룸 마련이 어렵다면, 최소한 이동식 파티션을 활용해 공간을 구분해야 한다. 파티션으로 공간을 정확히 분리해서 작업공간과 사생활 공간을 나눠야 한다. 공간 분리에 진심인 이유는 사람은 환경의 지배를 받기 때문이다. 업무공간에 들어설 때 마음속에서는 이미 업무를 위한 준비가 이루어진다. 침대와 소파가 있는 공간에서 일하는 사람은 자신도 모르게 앉거나 누워서 빈둥빈둥 휴식을 취하게 된다. 그 공간이 휴식공간이 아니라 단지 침대와 소파가 있는 공간이라 하더라도 말이다.

그래서 공간 분리를 명확히 해야 한다. 휴식공간에서 업무공간으로 들어설 때는 정장이나 오피스 캐주얼을 입는 등 명확한 출근의식을 갖춰야 한다. 이는 공간을 넘어 심리적으로도 업무와 휴식의 경계를 명확히 설정하는 데 큰 도움이 된다.

투룸은 단순히 집의 크기를 늘리는 문제가 아니다. 이는 2030 직장인이 삶의 질과 생산성을 동시에 높이기 위해 꼭 필요한 투자다.

집을 단순히 '사는 공간'이 아니라 '일도 잘할 수 있는 공간'으로 트랜스포밍 해야 한다. 삶과 일이 조화를 이루는 공간이 곧 성공적인 직장인의 필수 조건이다.

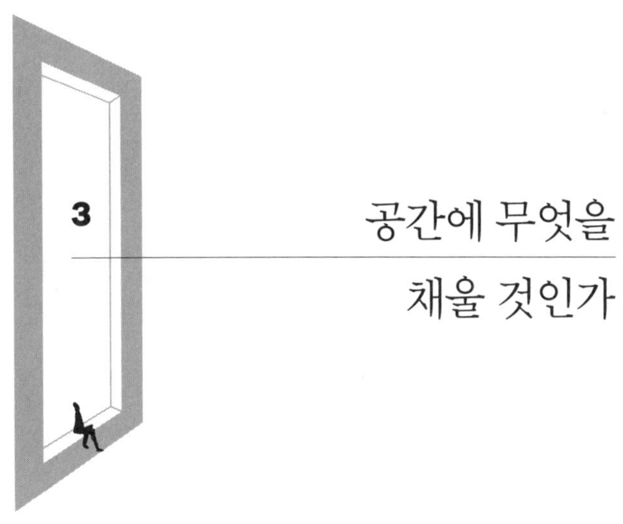

3 공간에 무엇을 채울 것인가

공간은 한자로 '空間'으로 표기한다. 공간은 비어 있는 상태로 되어 있는 곳, 즉 아무것도 없이 빈 곳, 물질이나 물체가 존재할 수 있거나 어떤 일이 일어날 수 있는 빈자리를 의미한다.

하지만 공간은 그저 비어 있는 장소이기만 할까? 공간은 에너지를 발산시켜 끓어 넘치게 할 수 있는 곳이 되기도 한다. 그곳에 무엇을 채울지는 공간에 머무는 사람의 몫이다. 공간은 아무것도 채워지지 않은 텅 빈 곳 같지만, 그것이 무한한 가능성을 열어줄 수 있다. 이때의 가능성은 공간이 곧 에너지라는 원리 때문이다. 인간의 의식은 파동의 성질로 진동하는 에너지를 갖는다. 그래서 사람과 공간은 의식 에너지로 공명하며 동기화될 수 있다. 마음이 내보내는 에너지에 의해 공간에서 진동 에너지가 매우 높게 작동하면 운명이 바뀔 수도 있다. 그러면 풍요의 삶을 살 수 있다.

누구나 무엇으로든 공간을 채울 수 있다. 값비싼 장식품으로, 가구들로 가득 채울 수도 있다. 공간에서 사랑하는 사람들이 머무를 수 있도록 구성할 수도 있다. 공간에 나만의 무엇을 채우지 않으면, 그 공간은 곧 다른 사람에 의해 채워진다. 성공하지 못하는 사람들 대부분은 공간에 대해 크게 착각하고 있다. 공간은 주어진 것이라는 생각 말이다. 어릴 적에는 공간이 부모로부터 주어진다고 생각할 수도 있다. 그러나 성인이 되어서도 자신의 공간을 만들지 못하거나 공간에 자신만의 에너지를 채워 가지 않는다면 자신이 누구인지 절대 알지 못한다.

——— 공간을 채워야 하는 이유

공간에 무엇을 채우든 개인의 선택이다. 가장 나쁜 선택은 그 공간을 본인의 것으로 채워 나가는 것이 아니라 그저 외부로부터 주어진 공간으로만 이용하는 것이다. 자신이 공간을 만들지 않으면 그 공간은 다른 사람의 것이 된다.

나만의 작업실을 만들고 그 속에서 내가 원하는 그 무엇을 창조하는 것이 아니라 침대가 있다면 잠을 자고, TV가 있다면 소파에 앉아 시간을 보낸다. 자기만의 생각과 이야기를 공간에 녹이지 못하고, 공간에서 나와는 상관없는 세계인 듯 살아간다. 공간에 대한 책임감이나 그 공간을 아름답고 가치 있는 무언가로 채워야 한다는 의무감 없이 공간을 내버려 둔다. 결국, 그런 공간은 그 어떤 의미도 남기지 못한 채 사라지거나, 누군가의 손에 의해 새롭게 정의되곤 한다. 나만의 공간에 나의 사유의 집을 구축하는 것, 그곳에서 내가 창조한 것들이 살아나 춤추게 하는 것, 내가 사랑하는 사람을 살게 하는 것, 이렇듯 나만의 공간에 나의 아름다운 이야기로 채워 가야 하는 이유는 그 공간이 곧 나 자신이기 때문이다.

공간은 한순간에 만들어지지 않고 서서히 시간과 함께 채워진다. 사랑하는 사람과의 추억이 공간에 채워지고, 졸업식 때 받은 자랑스러운 졸업장이 한쪽 벽면에 채워지면서 삶은 성장한다. 공간에 자신이 좋아하는 것들을 채우고, 그 반대의 것들은 비워 내기를 반복하면서 자신의 모습을 알게 된다. 물론 주어진 공간에서 나만의 공간으로 내딛기 위해서는 큰 용기가 필요하다. 하지만 그 공간에 무엇인가 생산적인 것들을 채워 넣으면 두려움은 더 큰 꿈과 목표로 바뀐다.

——공간에 무엇을 채워 넣을 것인가

어떤 사람은 물질로 공간을 채운다. 화려한 가구, 눈길을 사로잡는 예술품, 혹은 최신 기술로 무장한 기기들로 공간을 채우며 자신의 성취를 드러내고 싶어 한다. 이러한 공간은 보는 이에게 깊은 인상을 줄 수 있다. 하지만 시간이 지나면 그런 물질들은 점차 낡아지고 본래 가치를 잃게 마련이다. 물질은 공간을 채우는 가장 쉬운 도구이지만, 가장 쉽게 잊히기도 한다. 그럼에도 책장에 꽂힌 책들, 여행에서 사 온 기념품, 가족 사진들은 내 삶의 궤적을 드러내는 작은 조각들이다.

공간에 묵어 있는 옛것은 정리하고 현재와 미래를 위한 것들로 공간을 채워보자. 그러면 삶은 더 긍정적인 방향으로 변화될 수 있다.

——— 내 공간에 사람을 채웠을 때

공간에 관계를 채우는 사람도 있다. 가족과 친구, 사랑하는 사람들과 함께 시간을 보내는 공간은 따뜻함과 유대를 담는다. 부엌 테이블에서 나눈 대화, 소파 위에서의 웃음소리, 침실에서의 깊은 대화까지, 관계는 공간에 흔적을 남긴다. 이런 흔적들은 물질과 달리 시간이 지나도 그 공간을 살아 있게 만드는 원동력이 된다.

내가 20년 전에 지금의 회사에 입사했을 때는 직원이 20명이 채 안 됐다. 회사설립 직후라서 관리체계는 고사하고 사무기기조차 변변히 갖추지 못했다. 작은 사무실 공간에 직원들이 옹기종기 모여 매일 문제를 해결해야 했다. 모든 게 새로웠으며, 새로운 모든 일은 대비되지 않은 큰 문제였다. 문제를 해결하기 위해서는 모든 동료가 꼭 필요했다. 시스템과 업무능력이 준비되지 않은 상황에서 대형 고객사를 상대해야 할 때, 동료들은 사무실 바닥에서 박스를 깔고 쪽잠을 자며 업무를 완수했다. 일이 좋았다기보다는 직원들과 함께하는 시간에 나는 가슴이 설렜다.

일을 배운다기보다는 문제를 함께 해결하면서 업무체계를 만들었다. 사업이 확대되면서 후배들이 하나둘 입사했다. 그들과 함께 어려운 프로젝트를 수행하면서 자연스럽게 끈끈한 의리도 생겨났다. 회사가 너무 바쁠 때는 퇴사한 직원까지 불러내어 해결방안을 모색했다.

좁디좁은 사무실을 네 차례나 이전하면서 이제는 대형 빌딩 한 층을 모두 차지하고 있다. 나의 작은 업무공간은 언제나 사람들로 바글바글했다. 처음에는 내 능력에 과분한 일을 처리하기 위해 사람들을 찾아다녔다. 과장님께 질문하고, 부장님께 부탁했다. 일이 익숙해질 때쯤 이번엔 도움이 필요해서, 문제를 해결해달라고 나를 찾는 사람들이 많아졌다. 나는 사람들이 나에게 모여드는 것에 힘들지만 기쁨을 느꼈다. 나를 찾는 누구도 거부하지 않았다. 꼭 업무처리 때문만은 아니다. 가족 문제, 경제적인 문제, 삶의 다양한 문제들을 가지고 나의 작은 공간에 찾아온다. 내 방에 20년간 채워온 것은 사람과의 관계들이다. 그러고 보니 내 방에는 의자가 8개나 있다.

—— 내면을 채우는 공간

또 어떤 이는 공간에 자신의 내면을 채운다. 예술가의 작업실, 작가의 서재, 사색하는 이의 정원처럼, 공간은 그 안에 머무는 사람의 생각과 열정을 담는다.

빌 게이츠는 매년 일주일간 '생각 주간(Think Week)'을 가지는 것으로 알려져 있다. 그는 외부와 단절된 공간에서 생각을 정리하고 새로운 아이디어를 구상한다. 이 시간 동안 그는 수십 권의 책과 보고서를 읽으며 깊은 성찰과 분석을 통해 전략과 비전을 다듬는다. 그가 머무르는 워싱턴주 후드 운하(Hood Canal) 근처의 별장은 아름다운 자연경관과 고요함이 가득한 장소로, 책과 아이디어에 몰두할 수 있는 최적의 환경을 제공한다. 빌 게이츠는 이 곳에서 글로벌 문제, 기술의 미래, 환경 및 자선 활동에 대한 대부분의 계획들을 구체화하며 새로운 통찰을 얻는 것으로 알려져 있다. 그가 머무르는 사색의 공간은 단순한 고립의 장소가 아니라, 혁신과 창조적 통찰을 낳는 또 하나의 공장과 같다.

이러한 공간은 외부에서 보기에 특별한 장식이 없어도, 그 안에 깃든 창조성과 영감으로 빛을 발한다. 내면을 채운 공간은 단순히 머무는 장소가 아니라, 삶의 원천이자 자신을 표현하는 수단이 된다.

1968년, 기타리스트이자 가수인 지미 핸드릭스(Jimi Hendrix)는 런던의 한 호텔방에서 기타를 치며 시간을 보내고 있었다. 당시 그는 음악계에서 떠오르는 별이었지만, 아직 대중의 주목을 완전히 받지는 못한 상태였다. 그 호텔방은 단순히 머무는 공간이었지만, 핸드릭스의 손에 기타가 들리면서 그곳은 곧 음악의 역사에 남을 장소로 변모했다. 그날 밤, 핸드릭스는 기타를 튕기며 갑작스러운 영감을 받아 전설적인 곡 '퍼플 헤이즈(Purple Haze)'의 기초를 완성했다. 방 안에 아무도 없었지만, 그의 머릿속에는 온갖 색채와 소리들이 춤추고 있었다. 그는 탁자 위 메모지에 가사를 적고, 베개 옆에 놓인 테이프 레코더에 흥얼거리며 멜로디를 녹음했다. 단지 잠을 자거나 쉬는 공간으로 쓰였을 법한 호텔방이 음악의 역사에 길이 남을 창조의 순간을 담아낸 것이다.

호텔방은 특별히 꾸며져 있지도 않았고, 핸드릭스는 그 방을 다시 찾지 않았다. 하지만 그곳은 그의 음악적 영감을 담은 성지와도 같다. 무엇이든 채워질 수 있는 빈 공간이 위대한 곡을 세상에 선사한 시작점이 된 것이다.

이처럼 공간은 형태나 크기와 상관없이 그 안에 무엇을 담는가에 따라 세상을 바꿀 수도 있다. 지미 핸드릭스의 호텔방처럼 우리 각자의 공간도 작은 기적을 탄생시킬 수 있는 가능성으로 가득 차 있다.

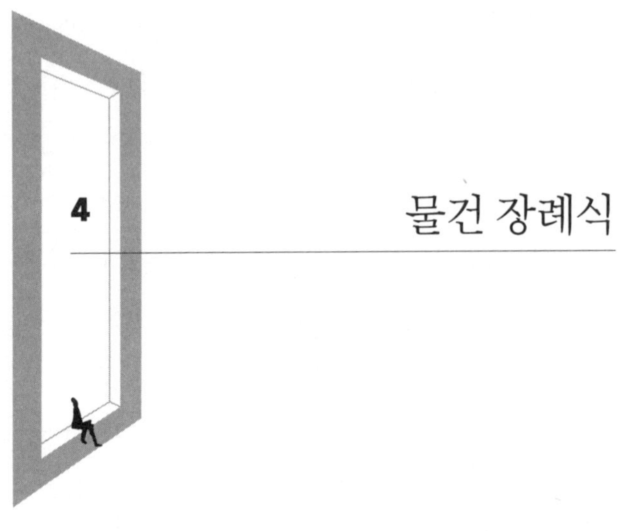

4 물건 장례식

공간은 과거와 현재 그리고 미래를 담는 그릇이다. 공간에 시간을 담는 것이 가능한 이유는 그 공간에 사람이 머무르기 때문이다. 사람은 태어나서 반드시 하나의 공간에 머무른다. 성장하면서 공간에 과거와 현재의 흔적을 남기고, 또 앞으로의 삶을 계획하며 만들어간다. 개인적 공간인 집에는 가족과 개인의 모든 추억과 현재 상황을 고스란히 담고 있다. 그러나 공간이 과거, 현재, 미래까지 모두 담기에는 한정적이다. 규모 측면에서 그렇다. 과거와 현재, 미래라는 역사가 쌓이는 시간 동안 물건도 늘어나지만, 그렇다고 공간의 규모가 커지는 건 아니니까.

상상해 보자. 공간 규모는 같지만, 점점 늘어나는 물건으로 가득 차게 되는 공간을. 공간에 적치된 물건은 다른 물건에 대해 배타적이다. 시간을 연속적인 흐름이 아닌 변화하는 순간들의 집합으로 본다면 집안에 쌓아놓은 물건들은 시간을 멈추게 한다. 오래전부터 공간을 차지하고 있던 그때의 최신 제품들도 공간 밖으로 내놓기 전까지는 그 공간에 새로운 제품이 들어올 수 없다.

그러므로 한정된 공간이 미래를 위해 준비된 공간인지, 과거를 위한 공간인지에 따라 자신의 삶이 달라진다. 미래의 내가 그 공간에 새롭고 가치 있는 물건들을 채울 수 있도록 현재의 나는 계속해서 과거를 비워 내야 한다. 과거의 물건들이 내 공간에서 빠져나가면 그때부터 새로운 계획을 세울 수 있다.

과거의 내가 원했던 공간이 휴식공간이었다면 현재 또는 미래의 나에게 필요한 공간은 사람들이 모이는 공간, 사람들이 만들어내는 공간이 될 수도 있다. 과거의 공간은 그대로 둔 채 현재와 미래를 맞이한다면 변화는 없다.

다가올 미래 앞에서 과거가 조금도 나아지지 않고 변화되지 않는다면 지금 서 있는 그 공간이 변하지 않은 것이다. 왜 그럴까? 공간을 과거에 머무르게 할 것인가, 미래를 위해 설계할 것인가에 따라 나의 내일이 달라진다. 시간 때문이다.

학생일 때는 교과서가 가장 중요하지만, 나이를 먹고 나서는 운동기구가 중요할 수 있다. 가장 멋지고 아름다웠던 그 순간을 영원히 유지하고 간직하고 싶은 마음은 누구에게나 있다. 그것은 그 순간에 스스로가 정의한 최고의 '선'일 뿐이다. 자신의 정신과 철학이 더 높아지고 성숙한 뒤 바라보는 그때의 '선'은 더이상 '선'이 아닐 가능성이 높다. 과거보다는 현재를 더 중요하게 생각하고 더 많이 애착해야 한다. 과거의 물건은 과거의 공간으로 보내 주고, 현재의 공간은 현재의 기쁨과 필요를 위해 확보해야 한다. 현재의 공간을 과거의 물건으로 가득 채워 둔다면 현재 느끼고 누려야 할 기쁨과 행복은 만들어지지 않는다.

—— 아쉬움 때문에 버리지 못한다.

과거의 물건들을 떠나보내고, 현재와 미래의 공간을 확보해야 한다는 것은 누구나 알고 있다. 그런데도 과거의 공간을 비우지 못한다. 집안에 물건들이 가득 차 있음에도 비워 내지 못하고 계속 채우기만 하는 사람들 역시 미래를 걱정하는 마음은 같다.

"언젠간 필요할지 몰라, 아깝잖아."

"용액이 반이나 남았잖아, 나중에 쓸 수 있을 거야."

아쉬움은 과거의 결정을 후회하는 마음이다. 커피잔을 사용하지 않아 정리했는데, 며칠 후 손님들이 방문한다면 커피잔이 없어 난감한 상황이 발생한다. 이런 상상은 불필요한 물건들을 미련 없이 버리는 데 큰 걸림돌이 된다.

—— 추억을 떠올리는 매개체

물건을 버리지 못하는 이유는 아쉬움뿐만이 아니다. 과

거에 가져온 물건들에는 각각 이야기가 묻어 있기 때문이다. 특별했던 선물이나 여행지에서 가져온 희귀한 기념품들은 그때 당시의 감정들이 아직 남아 있다. 그때의 소중한 추억의 매개체가 그 물건이라서 쉽게 버리지 못하는 것이다. 실체에 대한 효용은 다했지만, 본인 스스로는 과거의 나를 놓지 못하고 현재와 함께 살고 싶은 것이다.

현재의 공간에 과거의 사건과 그 증거들이 일정한 공간을 차지하고 있다. 물론 과거의 나를 부정하자는 것이 아니다. 현재는 과거와 연결되어 있지만, 미래와도 연결된 징검다리다. 나의 현재가 과거에 지나치게 잡혀 있다면 미래를 확보하지 못한다. 공간이 과거의 물건들로만 가득 차 있다면 미래의 내가 사용할 공간은 없게 된다.

——— 아내의 숨이 들어 있어요

공간을 살리려면 과거와 미래 중 하나를 선택해야 한다. 과거는 이미 지나간 사건이므로 공간이라는 자원은 미래를 위해 사용하는 것이 합리적이다. 공간을 가득 채운 과거의 물건들을 비워 내고, 그 공간은 미래를 위해 써야 한다. 하지만 단지 추억이 깃든 과거의 시간을 떠나보내지 못하기 때문에 과거의 물건들 대부분이 현재의 공간에 계속해서 머물러 있다.

죽기 직전 사랑하는 아내가 아이에게 불어주었던 풍선을 버리지 못하는 남편이 있다. "이 풍선 안에 아내의 숨이 들어 있어서 버릴 수가 없어요."

남편은 풍선을 버리지 못한다. 풍선과 아내는 연결된 객체가 아니다. 아내의 기억이 그 풍선에 들어 있을 뿐이다. 아내의 기억과 풍선을 분리하고 공간에서 풍선을 내보내야 한다. 이런 일들은 아이의 물건에 대한 부모의 애착에서도 나타난다. 아이가 성인이 되었는데도 부모들은 배냇저고리와 유아기 장난감들, 초등학교 첫 등교 때 사주었던 가방이며 옷가지들을 버리지 못한다.

——— 과거의 물건을 떠나보내는 의식

과거의 소중한 추억들과 실체인 물건들을 분리하기 어

렵다면, 물건 장례식을 통해 물건으로부터 자신을 떼어 낼 수 있다. 물건 장례식이란 물건을 내게서 떠나보내기 위한 이별 절차다. 이 방법을 진행하면 마음으로부터 과거의 물건을 편안히 떼어낼 수 있다.

우선 실체인 물건을 객관화하기 위해 여러 각도에서 사진을 찍어 블로그나 컴퓨터에 파일링으로 저장하자. 그리고 그 물건에 대한 상세 내용을 노트나 블로그에 작성하자. 모양과 기능, 컬러 그리고 언제 무슨 이유로 그 물건을 가지게 되었는지, 그 물건에 대한 나의 이야기를 과거 시점으로 돌아가서 미련이 남지 않도록 글로 적어두자.

이렇게 물건 장례식을 진행하다 보면 기억에서 서서히 물건이 떨어져 나오는 것을 깨닫게 된다. 특정 물건을 버리지 못하는 것은 내 안에서 그때의 추억이 잊힐까 두려운 것이다. 그때의 물건을 버리면 기억도 사라질 것 같은 두려움에 사로잡혀 이러지도 저러지도 못한 것이다. 노트 또는 블로그에 물건의 기억을 상세히 기술하다 보면 그때의 기억은 더 명료해지고 언제든 다시 꺼내 볼 수 있다는 것을 알게 된다. 그러면 더이상 그 물건은 과거를 대표하지 않는다. 그저 쓸모없는 물건이 될 뿐이다. 물건 장례식을 통해 실체적 효용이 없어진 물건들은 미련 없이 현재 공간에서 내보내기를 할 수 있다.

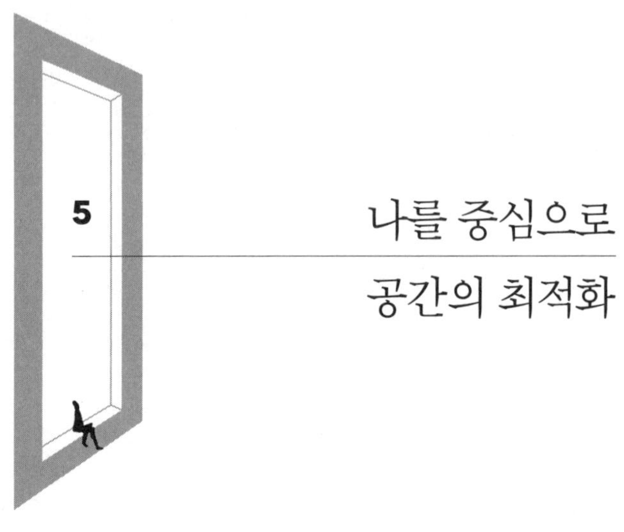

5 나를 중심으로 공간의 최적화

현대 사회에서 효율성은 정부와 회사, 조직, 개인에 이르기까지 가장 우선시되는 프레임워크다. 효율성은 자원의 낭비를 줄이고, 더 적은 시간에 더 많은 성과를 내며, 시스템의 안정성과 이익을 극대화하기 위한 핵심 덕목으로 자리 잡았다. 모든 사회적 시스템은 효율성을 중심으로 설계되고 운영된다. 우리는 효율성을 추구하며 더 빨리, 더 멀리 가기 위해 달리고 있다. 효율성의 위력으로 우리 사회가 더 빨리 더 많이 발전해온 사실을 부정할 수는 없다. 효율성이 삶을 풍요롭게 해준 것도 사실이다.

하지만 어느 순간부터 우리는 효율성의 도구가 되었다는 사실을 알게 됐다. 효율성이 사람을 위해 있는 것이 아니라 오히려 사람이 효율성을 위해 존재하는 상황으로 바뀐 것이다.

우리는 하루 8시간 이상을 효율성을 위해 효율적으로 살아간다. 대형 기업의 업무 구조는 효율성이 극대화되도록 설계되어 있다. 자동차 공장의 컨베이어 벨트 시스템에서 사람과 기계는 단 하나의 목표인 '더 빨리 더 많이'를 위해 작동한다. 사무실 회의는 정해진 시간에 끝내야 하고, 모든 논의는 결과 중심적이어야 한다.

가장 효율적이지 않아야 할 학교에서 오히려 가장 효율적인 교육을 연구하고 효율적인 교육기법을 사용한다. 학습자는 주어진 시간 내에 목표를 달성해야 하고 평가를 통과해야 한다. 학교 시험에서 정답을 풀 수 있을 때까지 시간을 주지 않는 이유를 우리는 효율성 측면에서 유추할 수 있다. 학교도 효율성을 기준으로 학습의 속도와 결과를 판단하는 것이다.

이러한 환경 속에서 사람들은 종종 자신을 하나의 '부품'으로 느낀다. 우리는 효율성 기준으로 측정되며, 시스템에 적합하지 않으면 '결함'이 있는 것으로 여기기도 한다.

프로젝트는 효율성을 목표로 날짜를 최대한 줄이고, 한 시간에서 10분마저 줄이기 위해 일정 차트를 수정하며 엑셀 시트로 초 단위까지 관리된다. 사람은 없고 오직 효율성만이 존재한다.

사회적 시스템의 메커니즘이 효율성 경쟁으로 작동하는 것은 어쩔 수 없는 현상이다. 하지만 그 효율성에 대한 믿음이 개인 공간으로까지 깊이 스며들어 있다.

아주 쉽게 찾을 수 있는 예가 있다. 당신의 방은 어떤 방식으로 꾸며져 있는가? 만일 책상과 침대, 그리고 옷장, 선반들이 벽에 착 달라붙어 있다면 동선을 위함이고 공간의 효율성을 위함이다. 우리는 이러한 배치를 공간 효율적이고 합리적이라며 손뼉을 쳐준다. 하지만 되묻고 싶다. 효율만 중시하다 내 공간까지 효율로 덮어버린 공간은 누구를 위한 공간인가? 이 공간은 무엇을 위한 공간인가?

나는 어느 날 내 방의 구조를 바꿔 보기로 결심했다. 사각형 방에 방문을 중심으로 왼쪽 벽면에 책상이 있고, 마주 보이는 오른쪽 벽면에 침대가 있다. 방문이 달려 있는 벽의 오른쪽에 옷장이 설치되어 있다. 나는 과감하게 책상을 방의 중앙에 배치하고 방문을 바라보게 했다. 그 이유는 감시 망상을 없애기 위해서였다. 원시시대부터 사람은 등 뒤의 공격에 취약함을 느껴왔다. 이것을 심리학 용어로 감시 망상(Persecutory Delusion)이라고 한다. 사람의 등 뒤에서 동물이나 사람이 공격해 오면 무방비 상태로 당할 수밖에 없다. 그러기 때문에 자신의 뒤쪽 공간에 대한 부담과 두려움이 자의식 속에 존재한다.

책상을 벽 쪽에 붙였을 때 사람들 대부분은 문 쪽 방향에서 등을 지거나 몸의 측면이 오픈되는 구조에 놓인다. 이런 경우 감시 망상을 느껴 집중력이 흐려지거나 오래 앉아 있기가 불편하다.

그래서 나는 책상을 방의 중앙으로 옮겨 문 쪽 방향을 바라볼 수 있게 배치했다. 그러고 나서 그것에 맞게 나머지 침대와 옷장을 배치했다. 비좁은 방에서 책상을 한가운데에 놓는다면 많은 부분을 포기해야 한다. 처음 몇 번의 배치 과정에서 방이 어수선해 보이기도 했으나, 가구들의 끝 선을 해치지 않는 한도 내에서 책상을 주인공으로 삼았다.

가족 모두가 나의 미친 짓을 말렸다. 비효율적이다. 방이 답답해 보인다. 어색하다. 왜 책상이 동그마니 한가운데에 있느냐? 등등 훈수가 여간 아니었다.

하지만 내 방에서는 오직 책상이 주인공이었다. 책상을 중심으로 모든 걸 포기했다. 나에게 그 공간은 오직 책을 읽고 공부하기 위한 방이었기 때문이다. 책상을 이렇게도 놓아보고 저렇게도 놓아보았다. 10번 이상의 시행착오 끝에 책상이 자리를 잡고 다른 가구들도 각자의 위치를 차지하였다. 내 뜻을 이루기 위한 공간이 탄생하게 됐다. 그 뒤로 재미있는 상황이 벌어졌다. 가족들이 내 방을 몰래 사용하는 것을 알게 되었다. 내가 직장에 간 사이 딸아이가 내 방의 책상에 앉아 공부했고, 딸아이가 없는 틈에는 아내가 내 책상에 앉아 가계부를 썼다.

그렇다. 내 방은 뭔가를 쓰거나 읽기에 최적화되어 있어 앉아 있는 사람을 집중하게 하고, 안정적인 느낌을 주었기 때문이다.

만약 공간의 효율성만을 추구했다면 그런 배치는 절대 나올 수 없었을 것이다. 하지만 효율성보다는 공간의 목적과 그 공간을 구성하는 사용자의 의도가 먼저다. 휴식을 위한 공간이라면 완벽한 휴식이 주인공이 되어야 한다. 자기계발과 공부를 위한 공간이라면 나머지 모든 것들은 과감히 버려야 한다.

공간의 집중도를 높이려면 다른 부분을 희생해야 한다. 사람들 대부분이 하나의 공간에 휴식과 공부, 친목과 식사, 이 모든 것들이 가능하게 구성하려고 한다. 하지만 공간이 효율성을 우선시했을 때 그곳에 머무는 사람은 혼동하게 된다.

공간의 주도권을 효율성에서 사람으로 옮겨오면 그 공간은 사용자의 목적에 맞는 에너지를 발산하기 시작한다. 사람과 공간은 에너지로 공명하며 동기화되기 때문이다. 공간의 목적이 무엇인가? 그것은 바로 나를 위한 장소가 되는 것이다. 효율성은 사회적 시스템에서 필요할 수 있다. 하지만 개인적인 공간에서조차 효율성을 맹목적으로 추구한다면, 우리는 자기 자신을 위한 공간을 잃게 된다. 사회적 시스템의 부품이 되어 하루를 보내고 난 뒤, 집으로 돌아온 나에게 필요한 것은 효율성이 아니라 안식이다. 효율성은 수단일 뿐, 목적이 될 수 없다. 내 방은 나를 위로하고, 나의 감정을 수용하며, 나만의 생각과 상상을 담는 공간이어야 한다. 책상이 중심이 되어 내 시선을 열어주고, 침대가 휴식을 제공하고, 공간의 모든 요소가 나의 삶과 조화를 이루어야 한다.

사회는 효율성을 덕목으로 삼지만, 우리는 그 덫에 갇히지 않아야 한다. 효율성은 삶의 가치를 평가하는 절대적인 기준이 아니다. 우리는 효율성의 부품이 아니라 이 세상의 주인공이다. 자신의 공간을 스스로 설계할 때, 자신의 삶을 살아갈 때, 효율성을 넘어 진정한 목적을 추구할 수 있다.

"이 방은 누구를 위한 공간인가? 이 방의 목적은 무엇인가?"라는 질문에 답할 수 있을 때, 그 방은 단순히 효율적인 장소에서 나를 위한 공간으로 트랜스포밍 될 것이다. 삶의 중심에 효율성이 아닌 나 자신을 두는 순간, 우리는 비로소 진정한 자유를 느낄 수 있다.

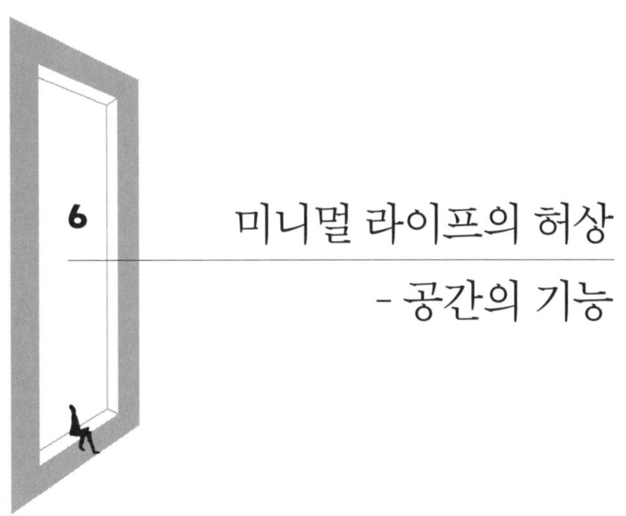

6 미니멀 라이프의 허상 - 공간의 기능

공간을 효율적으로 활용하는 방식에서 빼놓을 수 없는 이야기 소재가 미니멀 라이프(Minimal Life)이다. 미니멀 라이프란 삶의 방식 중 하나로 불필요한 물건, 활동, 관계, 생각 등을 줄이고 본질적이고 중요한 것에 집중하는 삶을 의미한다. 이는 현대 사회에서 소비와 소유를 중시하는 문화에 대한 반작용으로 주목받고 있다. 미니멀 라이프는 일상 속에서 실천하는 방법으로 집안에 입지 않는 옷과 불필요한 잡동사니들, 1년간 사용하지 않는 물건들을 버리거나 필요한 이웃에게 나누어 줌으로써 집안을 극단적으로 단순화하는 것이다.

사실 미니멀 라이프의 진정한 의미는 복잡하고 빠르게 변화하는 현대 사회에서 진정으로 중요한 것에 집중하고 삶의 질을 높이자는 것이지만, 현실적으로는 그냥 청소하고 버리는 것이 미니멀 라이프로 인식되는 경우가 많다.

어쩌다 집안에서 잡다한 가구와 물건들을 싹 버리고 나면 텅 빈 공간으로부터 마음의 여유를 얻기도 한다. 잡동사니들이 하나도 없는 뻥 뚫린 거실에서 차를 마시면 한결 편안한 휴식을 느낄 수도 있다. 하지만 거기까지다.

2030 세대가 원하는 삶은 미니멀 라이프이지만, 실제 삶은 전쟁터나 다름없다. 무한경쟁의 레이스를 펼치고 있는 2030 세대에게 필요한 기구와 장비들은 손에서 10초 안의 거리에 있어야 신속 대응이 가능하다. 필요한 물건들을 버리거나 정리했다면 공간은 넓어졌으나, 뭐 하나 할 때마다 몸을 움직여 찾으러 다녀야 한다. 공간을 연구하는 나도 한번은 집안의 물건들을 모두 꺼내 놓고 버리거나 정리한 적이 있다. 그때 나는 텅 빈 공간에서 자유와 휴식을 만끽했을까. 그러기보다는 손에 익은 도구들이 없어진 것에 따른 불편함이 더 컸다.

물건이 집안에 차고 넘쳐 생활에 방해가 되고, 생각이 산란해질 정도라면 당연히 특단의 조치를 해야 한다. 하지만 자신의 목표와 계획이 확실한 2030 세대에게 미니멀 라이프나 맥시멀 라이프(Maximal Life)는 얼마나 큰 의미가 있을까? 미니멀이나 맥시멀은 그저 필요에 따라 환경을 바꾸는 방법일 뿐이다. 이를 뒷받침하는 재미있는 우화가 있다.

어느 날 농장의 주인이 바다 건너 멀리 여행을 떠나게 되었다. 주인은 믿을 만한 하인 둘을 불러 넓은 땅을 똑같이 나누어주며 명령했다.

"내가 돌아올 때까지 각자 받은 땅에서 자란 풀을 모두 뽑거라."

"풀을 모두 뽑은 자에게는 상을 내리겠다."

첫 번째 하인은 명령을 받자마자 곧바로 일을 시작했다. 그는 끝이 보이지 않는 넓은 땅에 하루도 빠짐없이 나가 풀을 뽑기 시작했다. 땅이 너무 넓은 탓에 풀을 뽑으며 종료 지점에 다다랐어도 또 다른 시작 지점에는 이미 풀이 무성하게 자라 있었다. 날이 갈수록 새로운 풀이 자라나도 그는 지칠 줄 모르고 이를 반복했다. 그러나 풀은 끝없이 다시 자라났다.

두 번째 하인은 달랐다. 그는 풀을 뽑는 일 대신에 그 땅에 보리를 심었다. 시간이 얼마쯤 지나 보리가 자라나자, 그 땅에서는 더이상 풀이 자라지 않았다. 보리가 땅을 덮으면서 잡초의 씨앗이 자랄 틈을 주지 않았기 때문이다.

주인이 돌아와 두 하인이 관리한 땅을 살펴보았다.

첫 번째 하인의 땅은 여전히 잡초투성이였고, 하인은 지쳐 있었다.

반면 두 번째 하인의 땅에는 탐스러운 보리들이 자라고 있었다.

주인은 두 번째 하인에게 상을 내리며 말했다.

"네가 풀을 뽑으라는 내 명령을 제대로 이해했구나. 잡초를 없애는 가장 좋은 방법은 그 자리에 더 좋은 것을 심는 것이다."

미니멀 라이프를 실천할 생각으로 무조건 물건을 치우기보다는 자신의 목표에 맞게 공간을 리포밍하는 것이 더 중요하다. 사람마다 목표가 다르지만 원하는 자신의 미래와 목표를 위해서는 미니멀을 선택하든 맥시멀을 선택하든 아무 문제가 되지 않는다. 너무 과도하게 미니멀리즘 철학의 방법론만을 따른다면 오히려 자신의 목적을 향한 삶의 여정을 더 어렵게 할 수 있다.

내가 직장생활을 시작한 후 첫 번째 목표는 아내와 함께 살 수 있는 내 소유의 아파트를 갖는 것이었다. 그러나 회사에서 받는 급여만으로는 아파트 한 채 장만하기가 어렵다는 사실을 알았다. 야간 아르바이트에 도전했지만, 너무 적은 수익에 몸만 상했다. 그다음 눈에 띈 것이 주식투자였다. 하지만 주식투자는 변동성이 너무 컸고, 투자지식도 없어 종잣돈만 날리게 되었다. 그 이후 인터넷 쇼핑몰 사업 외에도 여러 부업에 도전했으나 모두 실패를 맛보았다.

나는 소주 한 병 사서 한강에 나가는 대신, 방 한편에 플라스틱 서랍장 두 개를 기둥 삼아 버려진 널빤지를 올려 책상을 만들었다. 처음에는 의자도 없어 식탁 의자를 가져다 사용했다. 오래 앉아 있기에는 불편해서, 의자만큼은 학생용 의자를 새로 샀다. 도대체 왜 손만 대면 실패하는지, 돈이란 놈이 도대체 무엇인지 알고 싶었다. 도서관에서 돈과 관련된 책들을 빌려다가 닥치는 대로 읽었다. 그 당시에는 나의 공간이 미니멀인지 맥시멀인지 아무런 의미가 없었다. 돈을 안겨 줄 물건이라면 잠잘 곳이 빠듯해도 무작정 들여놓았고, 돈과 관련 없는 물건들은 쳐다보지도 않았다.

그렇게 6개월쯤 하나의 목표에 집중하고 나서 문득 나의 공간이 많이 변했다는 것을 알게 되었다. 방의 중앙에 책상이 놓여 있었다. 처음에는 책상을 구석에 배치했다가, 그 방 하나를 집중할 수 있는 방으로 만들어야겠다는 생각에 책상을 먼저 중앙에 놓고 나머지 가구들을 배치했다. 한쪽 벽에는 화이트보드를 걸고, 반대쪽 벽면에 이동식 선반을 놓고 책과 잡동사니들을 정리했다. 가구들을 구매할 때 너무 크고 무거운 것보다는 작고 가벼운 것들로 구매하면 배치할 때 공간과 호환성이 높아진다. 그렇다고 너무 조악하거나 내구성이 떨어지는 물건은 좋지 않다. 컬러도 집안의 벽지 색이나 전체적인 공간의 컬러톤과 맞추는 것이 공간의 질서를 만드는 데 중요하다.

나만을 위해 설계된 전략적 공간, 즉 본진(本陣)이 넓고 쾌적하면 능률도 오르고 더 오랫동안 머무르기에 좋다. 각자가 정한 목표를 위한 본진이라면 오히려 미니멀 공간관리 방식은 도움이 되지 않는다. 오히려 목표를 위한 실험도구들과 관련 지식들, 그리고 시간을 줄여줄 수 있는 편리한 가전 도구들을 적재적소에 채워 넣는 맥시멀 공간관리 방식이 더 효율적이다.

미니멀 라이프가 진정으로 중요한 것에 집중하려는 실천적 삶의 방식이라는 점에서는 삶에 적용해볼 만하다. 미니멀 라이프의 철학적 의미를 삶에 적용하는 것은 좋지만, 그것의 심리적 의미보다는 집안 정리와 공간 비우기에만 열을 올린다면 자신의 목표까지도 미니멀해질 수 있기 때문이다.

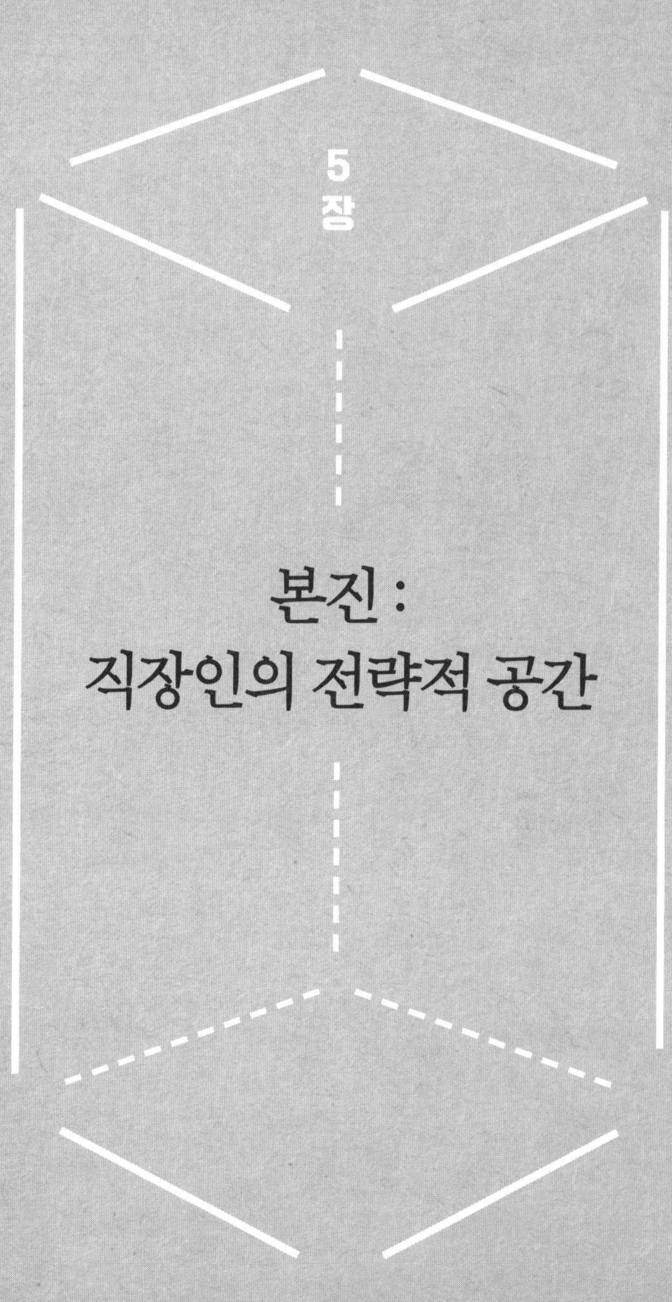

5
장

본진 :
직장인의 전략적 공간

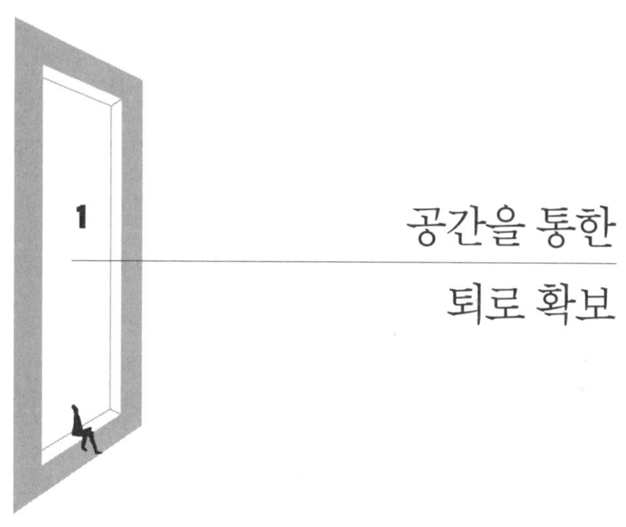

1 공간을 통한 퇴로 확보

이번 이야기는 부끄럽지만 나에 대한 고백으로 시작할까 한다.

나는 1971년생으로 2차 베이비부머(1968~1971년생) 세대에 속한다. 1차 베이비부머(1955~1963년생) 세대에 이어 1971년은 우리 사회에서 가장 많은 아이가 태어난 해로, 그해 출생아 수는 100만 명에 육박했다. 다들 가난했고, 사회적으로도 결핍이 많았던 시기에 살았다.

내가 졸업한 대학교는 인구 30만이 채 되지 않는 지방의 작은 도시에 있다. 처음 가본 그 동네 이름은 학교에

다니면서 알게 되었다. 학교가 마음에 들지 않았으니 당연히 수업도 건성 건성이었다. 졸업한 게 신기할 정도로 F학점만 간신히 면할 정도였다. 대학 졸업 후 내가 상상할 수 있었던 미래는 일당 잡부 정도밖에 길이 없었다. 그래서 나와 비슷한 형편의 친구들은 대개 사업이란 걸 시작했다. 사업을 해서 아주 크게 성공하거나, 완전히 망해서 연락처조차 삭제되거나 둘 중 하나였다.

그럼 나는 어떻게 됐을까?

일당 잡부밖에 꿈꿀 수 없던 스무 살의 나는, 30년이 지난 2025년 3월 현재 외국회사 상무 타이틀을 7년째 고수 중이다. 경제적으로도 안정을 이루어, 언제든 명퇴를 당하더라도 노후가 걱정되지는 않을 정도가 되었다.

내가 대학을 졸업할 때의 영어 토익 점수는 500점이 채 되지 않았다. 그 당시 나를 포함한 부모님 모두 월세방을 전전했다. 친구들과 고스톱을 해서 돈을 따본 적이 없을 정도로 지능이 높은 편도 아니었다. 그랬던 내가 현재 위치에 이른 것은 첫째 운이 좋아서였고, 둘째는 입사 초기의 특별한 경험 때문이었다. 무엇보다 내가 나만의 공간을 가지게 된 사건이 가장 큰 성공의 발판이었다.

당시 90만 원이었던 대학등록금조차 마련하지 못하던 나는 닥치는 대로 아르바이트를 했다. 우유팩을 들고 하루 100집을 방문했고, 남는 시간에는 자동차 세차장에서 일했다. 그러다 우연히 알게 된 것이 있다. C++프로그래머가 돈을 많이 받는다는 사실을. 주유소 아르바이트를 하루 종일 하고 받은 돈은 고작 시급 900원쯤이었다. 하지만 프로그래머들의 보수는 아르바이트라 하더라도 달랐다. 그 시기에도 월 100만 원은 훌쩍 넘게 받았다. 나는 경영학 전공으로 '문송한(문과라서 죄송한)' 학생이었다. C++에 왜 더하기가 두 개인지 궁금할 정도로 개발언어는 전혀 몰랐다. 월 100만 원을 받을 수 있다는 희망으로 최소한의 코딩만 할 수 있는 정도까지 학원에 다녔다.

그러다 우연한 기회에 지금의 직장에서 사람을 긴급히 채용한다는 소식을 들었다. 합격할 확률은 지극히 낮았지만 일단 접수했다. 인터뷰 때 지잡대를 영 못마땅해하는 부장님이 있어 '이번에도 당연히 떨어졌구나' 하고 체념하고 있었다. 늘 있는 일이었고, 워낙 좋은 회사였기 때문에 내가 먼저 포기하고 있었다. 그런데 나에게 합격 전화가 왔다.

"한금택 씨 축하합니다. 이번 입사시험에 최종 합격하셨습니다."

"다음 주부터 출근 가능한가요?"

내가 입사할 수 있었던 것은 순전히 운이었다. 입사를 원하던 나를 제외한 모든 합격자는 회사가 원하던 날에 출근이 불가능했다. 합격 통지를 받은 다음 주 월요일부터 출근하라는 조건이었다. 갑작스러웠던 극악한 입사 조건이 나에게 행운을 가져다준 셈이다. 공부도 형편없었고, 스스로 열등생이라 여겼던 나는 합격이 너무나 감사했다. 정말 감사해서 회사가 시키는 일이라면 사람 제거 일 말고는 뭐든 다 할 기세였다. F학점을 겨우 면했던 지방대 출신이 대기업에 입사한 뒤, 구름 위를 걷던 나에게 한 가지 인생의 힌트인지 아니면 절망적인 미래의 청사진인지 모를 조금 특이한 일이 발생했다.

우리 회사에 상무님이 두 분 있었다. 한 분은 수학을 전공한 여성 상무님이다. 그분은 태어날 때부터 엘리트였다. 인프라를 담당했던 상무님은 언제나 말씀이 적었지만, 시스템의 파워 케이블부터 데이터베이스 클러스터링까지 모르는 것이 없었다. 그분의 기술력과 끝 모를 지적 수준은 나의 롤모델로 삼기에도 과분했다. 상무님은 나와는 완전히 다른 삶을 살아온 분이었다. 최고학부 출신에다 최고 성적의 유능한 인재였다. 영어도 유창했다. 내가 가지지 못한 모든 것을 가지신 분. 특히 그의 능력과 화려한 그의 학력은 내가 두 번 태어나도 가질 수 없는 것들이었다. 그분은 아마 나 같은 신입사원을 몰랐을 것 같다.

내가 입사하고 1년째 되던 날, 존경하던 상무님이 퇴사하게 됐다면서 번개 회식을 했다. 회식 1차에 여직원들이 빠져나갔고, 2차에 부장급과 간부급들이 자리를 떴다. 3차까지 이어진 술자리에는 다들 빠져나가고 나와 상무님만 남아 정말 죽을 때까지 마셨다. 그런데 그 자리에서 상무님은 너무나 서럽게 울었다. 너무 많이 우셔서 정신을 잃으셨고, 나는 댁에까지 택시로 모셔드리고 집에 왔다.

그땐 그 가슴 깊은 곳에서부터 올라오는 비통한 울음의 의미를 잘 몰랐다. 그냥 뭘 할 때마다 달그락거리는 느낌으로 떠오르는, 꼭 해결해야만 할 미스터리 숙제 같은 것이었다. 하지만 그 울음은 오래도록 나를 놓지 않고 따라다녔다. '그리 서러운 울음의 의미가 뭘까?' 그때 하늘 같던 상무님은 내가 누구인지도 몰랐을 텐데. 나 같은 풋내기 앞에서 그토록 비통하게 울다니! 그때 상무님이 나에게만 직장생활의 비밀을 말해 주었는데, 내가 미처 그 의미를 깨닫지 못한 것일까. 나는 그 정답이 어딘가에 있을 거란 기대로 골똘히 찾아다니곤 했다.

도대체 뭐가 잘못됐는지, 신참내기인 나로서는 정확히 알 수 없었다. 하지만 적어도 그분처럼 퇴사하지 말아야겠다는 생각을 마음속 깊이 새겼다. 나는 절대 서러운 눈물로 퇴사하지 않겠다는 다짐과 함께 직장생활을 이어갔다. 직장생활을 10년쯤 하고 난 후부터는 문득 그분의 퇴사 기억이 떠올라 나도 언젠가 퇴사할 날을 상상해봤다. 그러면서 나는 퇴사할 때 가짜 웃음, 만들어진 웃음이 아닌 진정한 자유와 행복감과 함께 회사를 떠나야겠다는 일종의 퇴사 목표가 생겼다.

그렇게 직장생활 24년이 흘렀다. 2025년 3월 현재 나는 그분이 쓰시던 의자에 앉아 있다. 직장생활의 경험과 생각이야 서로 크게 다르겠지만, 나도 곧 퇴사를 맞이해야 할 나이다. 다시 그때 그분의 밑바닥에서부터 끓어올

랐던 울분과 서러움을 반추해본다. 직장생활만큼은 그 분과 흡사한 길을 걸어왔기에 이제야 희미하게나마 그때 그분이 지은 울분의 의미를 알게 되었다. 퇴로가 없었을 것이다.

학교에서도 우리는 퇴로가 없다. 1등이든 꼴찌든 1등을 향해 무한 경쟁을 하며 달린다. 직장에서도 퇴로는 없다. 정해진 규칙과 시간에 맞춰 남들보다 더 많이 더 빠르게 직진해야 하는 일방향 전쟁이다. 퇴로는 없다. 후진도 없다. 정해진 레이스 위에서 정해진 룰대로 앞뒤 가릴 것 없이 열심히 달리기만 하면 되는 경주를 가장 앞에서 누구보다 빠르게 달려온 분에게 퇴로 따위는 없었을 것이다.

똑똑한 사람일수록 젊었을 때는 그 누구도 따라잡을 수 없을 만큼 앞장서 달린다. 하지만 누구나 나이가 들면 레이스 위에서 갑자기 내려와야 할 때가 찾아온다. 그동안 정해진 룰대로 일해온, 우수하고 충실했던 희생들이 한순간에 부정당한다. 그때 그분의 상황이 그랬을 것이다. 마치 "결승점이 저기다. 달려!" 하는 말을 듣고 달려온 곳에서 "왜 여기로 온 거야? 돌아가!"라고 반문하는 답변을 듣고 분했을 것이다.

회사생활이 그런 줄 알았다면 처음부터 재어 보고, 의심하고, 퇴로를 준비하면서 달렸을 텐데 하는 아쉬움도 있었을 것이다. 하지만 그것도 좋은 방법은 아니다. 그렇게 앞뒤 재면서 최대속력으로 달릴 수는 없기 때문이다.

회사에서 이사급이 되었다는 것은 회사를 위해 자신의 대부분을 희생했다고 봐야 한다. 자신의 젊음과 시간, 노력을 다 바쳐도 임원에 오를 수 있는 사람들은 그리 많지 않다. 그분이 퇴로를 만들지 못했던 이유도 그렇다. 혼신의 힘을 다해 일해온 그분의 직장인의 삶에서 퇴로 따위는 없었을 것이다. 미리 퇴로를 만드는 행위를 오히려 부끄러워했을지도 모른다. 임원이 되고 나서 회사에서 제공하는 수준 높은 대우와 위상들에 묻혀 퇴로 따위는 필요 없다고 생각하며 현재에 만족했을 수도 있다.

하지만 나의 경우는 전혀 달랐다. 나는 애초부터 엘리트나 천재와는 반대 방향인 돌연변이였기 때문이다. 정통이 아니라 잡것에 가까운 쪽이었다. 나는 회사 라인에 설 때도 가장 굵은 라인은 일부러 피했다. 내가 적자가 아니라는 생각 때문이었다. 그래서 나는 항상 뒤에서 동료들 도와주는 역할에만 충실했다. 나는 입사를 하자마자 엘리트 출신의 높은 분들과 경쟁하는 것 자체가 부질없는 짓이라 단정하고 직장생활의 모든 업무를 다르게 보고 다르게 행동했다.

대신에 급여를 너무나 감사히 받았고 그 돈을 오직 나를 위해 사용했다. 그리고 선배 상무님의 울음의 의미가 '퇴로 없음'이라는 것을 아득히 느낄 때쯤 나는 퇴로를 만들었다. 직장인에게 퇴로란 직장인의 신분을 내려놓았을 때, 직장 없이도 살아남을 수 있는 길을 말한다. 그래서 나는 성내동 현대아파트를 아무 대책도 없이 매수했다. 이 책을 통해 줄곧 공간과 본진(本陣) 이야기를 하는 이유이기도 하다.

공간은 우리에게 아낌없이 삶의 도구들을 제공한다. 공간은 내가 넘어졌을 때 다시 도전할 수 있는 재충전의 시간을 제공하고, 자신의 부족한 능력을 배가시킬 수 있는 지식 업그레이드의 기회를 제공해주기도 한다. 공간은 내가 원할 때 더 큰 공간을 소유할 기회도 아낌없이 제공한다. 나의 퇴로 확보는 공간을 통해 이루어졌다. 그 덕에 내가 상무 위치에 오를 수 있었으며, 많은 후배에게 도움이 되는 선배가 될 수 있었다. 내가 '퇴로' 확보에 집착하게 된 이유는 선배 상무님처럼 끝까지 갈 수는 없다고 생각한 것이다. 나는 능력도 학벌도, 아무것도 없는 사람이었기 때문에 반드시 퇴로가 필요했다. 급여가 통장에 들어올 틈도 없이 대출 이자로 대부분 빠져나갔지만, 나에겐 그것이 나의 유일한 퇴로였다.

회사는 법인 인격체라 시장 상황에 따라 좋을 때도 있고 많이 어려울 때도 있다. 나는 돌연변이 출신이라 회사에 다니는 것만으로도 감사했기 때문에 회사에 봉사한다는 마음으로 비가 오나 눈이 오나 성실히 출근했다. 나만의 퇴로가 생긴 후부터는 이해할 수 없는 여유 같은 것이 생겨났다. 집을 소유한 이후로 회사에 급여를 올려달라고 요구한 적이 한 번도 없다. 보통은 집을 사고 이자를 갚느라 허덕대기 때문에 그때부터는 아파트가 족쇄가 된다고 하지만 나는 그런 생각이 없었다. 다만 회사가 나의 직위는 챙겨 주기를 바랐다.

2030 직장인에게 퇴로는 아직 낯설 수 있다. 언제나 기회가 있을 것만 같은 무한의 가능성을 내포한 젊음이 있기 때문이다. 하지만 직장인이라면 언젠가 퇴사해야 날

이 온다. 언젠가 후배에게 그 자리를 넘겨주고 내려와야 한다. 그때 돌아갈 곳이 없다면, 환송하는 후배들을 뒤로 하고 과거와는 다른 길을 가야 하는데 그 길이 준비돼 있지 않다면, 그때 우리는 '퇴로 없음'이라는 팻말을 보게 된다.

퇴로가 없다면 그대로 주저앉거나, 후배들과 경쟁해야 하는 부끄럽고 애매한 상황을 맞이하게 된다.

회사를 돈 버는 곳으로 다니지 않게 된 것은 사람이 거주하는 공간, 즉 집 때문이다. 집이 알아서 돈을 벌어 주었기 때문이다. 회사는 내가 집을 매수하는데 필요한 직장인 대출만 잘 받아 주면 감사했다. 그래서 나는 회사와 정 반대편에 서지 않을 수 있었다. 회사와 전쟁을 하지 않고 상생할 수 있었으며, 그 덕에 상무 위치에까지 오를 수 있었다고 생각한다.

직장인들 대부분이 회사의 의도와는 반대편에 서 있다. 회사는 급여를 주고 근로자는 시간을 판다. 이 둘의 전쟁에서 승자는 없다. 왜 그럴까? 만일 회사가 승리하면 직원은 적당히 일한다. 그러다가 급여를 조금만 더 준다는 회사가 있으면 경쟁회사라도 그 즉시 이직한다. 서로 매정한 관계다. 회사가 직원에게 연봉을 작게 올려준다고 해서 승리하는 것도 아니다. 그럼 반대로 직원이 승리해서 원하는 연봉을 받았다고 하자. 그럼 직원이 승리한 걸까? 천만에. 회사는 돈으로 돌아가는 조직이다. 코스트는 수익과 연동된다. 즉 급여를 많이 받으면 그만큼의 역량과 실적을 곱하기로 내놔야 한다. 자신의 능력보다 더한 업무량과 책임을 짊어지고 일하다가 건강을 잃고 포기하는 동료들을 많이 봤다. 이들은 회사와의 전쟁에서 절대로 승리한 것이 아니다.

나는 평범한 직장인이었지만 다행히 집이 있었다. 직장과 집이라는 자산은 나에게 든든한 엔진이 되어 주었다. 이 두 개의 엔진은 나만의 작은 배가 목적지를 향해 흔들리지 않고 달릴 수 있도록 했다. 사회라는 거대한 바다를 항해할 때 동료들은 단 하나의 제트엔진을 달고 나를 빠르게 추월했다. 그들에게 집이라는 사이드 엔진은 거추장스러운 방해물에 지나지 않았다. 그들은 자신의 목적을 이루기 위해 단 하나의 엔진이면 충분하다고 생각했다. 그들에게 최고학교 졸업장과 좋은 직장, 약속된 승진은 인생의 고성능 엔진으로 손색이 없었다. 반면에 나는 느리긴 해도 튼튼한 두 개의 엔진으로 그들과의 레이스를 포기하지 않았다.

하나의 빠른 엔진과 두 개의 느린 엔진을 탑재한 직장인의 승부는 어떻게 되었을까?

나의 지난 24년간의 경험은 우연히도 스콧 애덤스의 베스트셀러 《더 시스템》의 내용과 일부 맥락에서 같다. 스콧과 그의 친구 마뉴엘은 간절히 여자친구를 사귀고 싶었다. 그들은 각자의 방식으로 여자친구를 찾아 나섰다. 스콧은 오직 한 여자에게만 구애를 집중했다. 그가 1년 후 그녀에게서 들을 수 있는 최종 답변은 'Yes'나 'No' 둘 중 하나다. 하지만 그의 친구 마뉴엘은 학교 안에서 거의 대부분의 여학생을 상대로 연애를 시도했다. 누구에게나 '나랑 사귈래?' 하며 접근했지만, 대답은 거의 'No'였다.

하지만 우리는 1년 후 마뉴엘의 구애 결과를 쉽게 짐작할 수 있다. 스콧은 50%의 확률로 성공할 수 있겠지만, 마뉴엘의 성공확률은 처음에는 0%에서 시작해 계속 증가할 것이다.

스콧은 단 하나의 목적으로 시간을 보냈다. 실패했을

경우 아무런 대안이 없다. 반면에 마뉴엘은 다양한 가능성에 도전했다. 단 한 여자가 아닌 그가 아는 모든 여자를 상대로 도전했다. 그는 하나의 목적에 실패했어도 다른 대안을 가지고 계속해서 도전했다. 인디언은 사막을 건널 때 말을 여러 마리 끌고 간다. 한 마리가 중간에 쓰러지더라도 다른 말로 갈아탈 수 있도록 대비하는 것이다.

직장에서 누가 성공할 수 있을지는 아무도 모른다. 직장인들 대부분이 정년을 채우지 못하고 중도에 포기한다. 오직 직장생활에만 올인하다가 실패를 맞이한다면 큰일이다. 대안이 없기 때문이다.

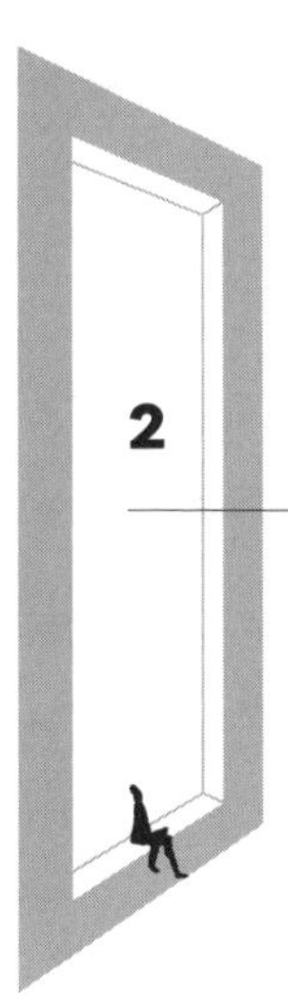

2 직장인에게 본진이란

나는 20년 동안 한 회사에 근무했다. 그동안 적어도 200명 이상의 퇴직자를 떠나보냈다. 입사한 지 일주일도 안 돼 퇴사하는 후배도 있었고, 정년 퇴임하는 선배의 뒷모습을 지켜 드린 적도 있었다. 10년 전까지만 해도 회사를 떠나가는 분들을 남아 있는 직원이 걱정해주는 분위기였다. 더 험난한 세상, 더 힘든 회사로 옮겨가는 퇴직자를 위해 위로주를 사는 것은 당연했다.

하지만 어느 순간부터 이런 분위기는 반전되었다. 퇴사자들의 떠나는 모습이 예전과는 전혀 달라진 것이다.

예전에는 남이 볼세라, 조용히 자신의 짐을 싸고 소리 없이 뒷문으로 사라지는 모습이었다면, 요즘에는 퇴사라는 이벤트가 부적응 또는 패배를 의미하는 것이 아니라 더 큰 기회를 찾아 떠나는 준비된 승리자의 모습에 가깝다. 남아 있는 동료들은 자신이 원하는 삶을 개척해 떠나는 용기 있는 퇴사자를 부러운 눈으로 바라본다. 이제는 퇴사자를 위로하는 게 아니라 퇴사자가 남아 있는 재직자들을 위로하고 떠나가는 분위기다.

나는 퇴사하는 동료들을 보내면서, 동시에 남아 있는 나 자신을 돌아보면서, 늘 다섯 가지 질문을 해보았다. 이 질문들은 단순히 퇴사라는 상황에 대한 고민이 아니라 직장인의 삶 전반에 걸친 근본적인 성찰로 이어졌다.

—— 퇴사를 위해 무엇을 준비해야 하는가?

퇴사는 근무하던 회사를 단순히 떠나는 사건이 아니다. 그것은 희망적이든, 절망적이든 새로운 삶을 시작하는 일이다. 내 곁을 떠나간 많은 후배들이 준비 없이 회사의 문을 나서는 모습이 안타까웠다. 이들의 퇴사 사유는 어쩌면 비참하다. 얼마 안 되는 급여인상 조건으로 퇴사를 결심한다. 자신만의 인생과 계획보다는 급여에 따라 조직과 사람, 공간을 생각 없이 바꾼다. 상승한 급여가 생활에 보탬이야 되겠지만 삶의 길은 아니다. 입사한 지 얼마 안 된 직원들에게 몇백만 원은 큰돈이 될 수 있어 이해는 되지만, 퇴사를 준비하고 주도적으로 새로운 삶을 계획한 것이 아니라면 그 돈은 큰 의미가 되지 않는다.

새로운 길을 성공적으로 찾은 사람들은 공통적으로 '본진'을 구축해둔 사람들이었다. 본진이란 나만을 위해 설계된 전략적 공간이다. 다들 알겠지만, 스타크래프트 게임에서 본진은 전쟁의 승패를 가르는 최종 핵심기지다. 모든 공격무기와 방어체계, 군사, 시스템은 본진으로부터 만들어진다. 본진은 그 모든 전쟁자원을 만드는 핵심 공간이다.

2030 직장인들은 지켜야 할 가족이 있다. 회사는 그들의 경제적 무기가 된다. 개인적인 목표나 취미를 위한 그룹, 비용 또한 본진에서 컨트롤해야 할 전략적 자산이다.

인간은 누구나 다양한 삶을 위한 공격과 방어체계를 컨

트롤하며 생활한다. 직장에 더 많은 에너지와 시간을 쏟을 것인지, 아니면 지금 준비 중인 자격증 시험에 더 많은 시간과 비용을 투입할 것인지, 우리는 매시간 다양한 전략적 결정을 하게 된다. 본진에서 말이다. 그러므로 본진이 없으면 개인적인 목표도, 가족도, 회사도 제대로 컨트롤할 수 없다.

퇴사하는 사람에게 본진은 경제적 안전망이기도 하고, 전문성을 기반으로 한 새로운 시작의 발판이 되기도 한다. 본진이 탄탄하게 갖춰져 있다면 퇴사는 두려운 선택이 아니다. 본진을 구축한 직원은 가벼운 퇴사나 연봉조건에 흔들리지 않는다. 자신만의 본진에서 전략을 세우고, 더 큰 프로젝트를 위해 직장을 이용하기 때문에 작은 유혹과 고통에 쉽게 흔들리지 않는다. 이런 직원은 급여에 연연하지 않고, 자신의 능력을 키워 업무를 독립적으로 수행하는 마인드가 있기 때문에 회사에서 대체 불가능한 존재가 된다. 아이러니하게도 회사는 본진을 탄탄하게 구축한 직원에게 더 많은 급여를 주고서라도 함께 일하기를 원한다.

—— 퇴사자들은 어디서 퇴사할 용기를 얻을까?

용기의 원천은 사람마다 다르다. 내가 지켜본 많은 퇴사자들은 자신만의 철학과 방향성이 있었다. 직장 내에서 정체되지 않겠다는 의지, 또는 직장에서 얻은 경험과 능력이 새로운 직장이나 창업에 충분히 유효하다는 자신감이 그들의 퇴직을 받쳐주었다. 특히, 직장생활과 무관하게 본인의 가치를 인정받을 수 있는 능력과 열정을 장착한 직원은 더 담담하게 회사 밖으로 나갔다. 그들은 다른 회사에서, 또는 자신이 직접 세운 벤처 회사에서 자신의 능력과 열정을 그대로 적용하고 더 증폭시켰다.

—— 직장인의 진정한 성공이란 어떤 모습일까?

과거에 직장인의 성공이란 높은 직급, 안정된 직장, 두둑한 연봉으로 대표되었다. 하지만 시대가 바뀌면서 성공의 기준도 다양해지고 있다. 지금은 회사라는 틀 안에서 성공하는 것뿐만 아니라, 스스로 원하는 삶을 선택할 수 있는 능력이 진정한 성공이 아닐까 생각한다.

회사 안에서도 적응이 힘들어 퇴사하려는 마당에 회사에서도 성공하고, 스스로 원하는 삶도 선택하라고 하면 은근히 화가 나는 직장인도 있을 것 같다. 분명한 사실은 성공의 기준은 개인마다 다르다는 것이다.

2030 세대의 '워라벨(Work-Life Balance)' 열풍에서 성공에 대한 관점이 전통적인 승진이나 연봉 인상만이 아니라는 것을 알 수 있다. 오직 승진과 연봉 인상만을 바라보며 달려온 나로서는 직장인으로 성공했다고 우기고 싶기도 하다.

하지만 직장생활은 삶의 일부일 뿐이다. 가족 구성원 중 한 사람도 나이고, 직장에서 꼰대라 불리는 사람도 나이다. 내가 원하는 영역에서 글을 쓰고 있는 작가라는 사람도 나이다. 다양한 캐릭터가 서로 상충하고 시간과 자원을 더 달라고 아우성친다. 그중 직장에 가장 많은 시간과 노력을 투입하는 이유는 맨더토리(mandatory; 의무, 필수)이기 때문이다. 다른 캐릭터의 요청은 조금 미루거나 시간을 줄여도 당장 아무런 문제도 표시도 나지 않는다. 하지만 직장에 출근하지 않거나, 프로젝트를 등한시한다면 그 결과는 참혹한 실패로 이어진다. 직장인에게 9 to 6로 정해진 시간 투입과 노동력 투입의 쳇바퀴는 퇴사할 때까지 멈추지 않는다. 멈추고 나서야 비로소 보인다는 말도 있지만, 가던 길 멈추면 되는데 그 쉬운 것을 못 하고 20년을 지나쳐 왔다.

멈추면 무엇을 볼 수 있을까? 직장생활이 삶의 목적 자체가 될 수는 없다. 자신에게 만족감을 주는 목표를 향해 도전하기 위한 도구와 여정이 직장이 될 수 있다. 하지만 톱니바퀴 같은 회사 시스템에 맞물려 살아가다 보면 어느덧 자신의 진정한 목표와 무엇이 자신에게 만족감을 주는지 까먹고 만다. 나만의 이야기로 과거와 현재를 떠올리고, 원하는 미래를 그릴 수 있는 삶의 지휘통제본부와 같은 공간, 즉 본진이 있다면 직장생활에 매몰되지 않고 스스로 성장할 수 있다.

——— 직장인의 가장 최악의 선택은 무엇일까?

미루거나 본진 없이 퇴사하는 것, 또는 아무런 준비 없이 지금에 안주하는 것이 가장 최악의 선택일 수 있다. 세상이 빠르게 변화하면서 회사라는 울타리는 더이상 영원하지 않다.

퇴직 후 어떻게 살아갈 것인가에 대한 치열한 고민 없이 현재의 안정감에 기대어 있다가 갑작스러운 변화에 직면하면, 준비되지 않은 직장인은 경제적으로 큰 어려움을 겪게 된다. 매달 일정하게 지급되는 급여의 파괴력은 마약처럼 중독성이 강하다. 이번 달도 지급되었고, 다음 달에도 확정된 금액이 지급된다는 사실에 안주하면 생활 패턴과 목표가 고정된다. 힘들고 불안하며 성공확률도 높지 않은 도전 같은 것은 월급과 함께 잊힌다. 오직 직장생활에서만 성공하면 된다고 철석같이 믿는다. 이런 직장인은 게임의 룰이 간단할수록 회사일에 더욱 집중한다. 그러나 경쟁은 더욱 치열해지고, 시간은 내 편이 아니다.

근무 연수가 오래될수록 능력과 상관없이 보상해주던 호봉제는 이미 오래전에 회사에서 사라졌다. 매년 젊고 유능한 신입사원이 회사에 들어와 새로운 경쟁자가 된다. 매년 승진에서 누락된 나이 많은 직원은 젊고 유능한 상사에게 부담이 된다. 이런 상황을 억울해해서는 안 된다. 직장인이면 누구나 경험하는 일이기 때문이다. 다만 젊고 유능한 시절에 최악의 상황을 상상하고 미리부터 자신만의 본진을 회사에서 개인 공간으로 옮겨놓은 사람과 회사가 자신의 능력을 영원히 인정할 거라 착각하고 회사를 삶의 본진으로 삼은 직원이 있을 뿐이다.

—— 직장인에게 본진은 어떤 의미인가?

예술가들에게 본진은 작업실이고, 창작의 중심지이며, 불확실한 세상 속에서도 자신을 지켜주는 공간이다. 직장인에게도 본진이 반드시 필요하다. 그것은 단순히 직장을 뜻하는 것이 아니다. 본진은 직장 밖에서도 자신을 지탱할 수 있는 전문성, 인간관계, 철학, 또는 경제적 기반을 의미한다. 본진이 구축된 사람은 회사의 변화에 흔들리지 않고, 퇴사를 선택하더라도 당당히 새로운 길로 나아갈 수 있다. 회사가 자신의 본진이 아니었기 때문이다.

20년간 직장생활을 하는 동안 나는 앞서 제시한 다섯 가지 질문을 통해 끊임없이 스스로 돌아보고 나의 본진을 구축하는 데 더욱 집중했다. 본진이 없는 삶은 언제나 불안정하고, 회사라는 외부 요인에만 의존하게 된다.

당신이 젊은 직장인이라면 직장이라는 틀을 넘어, 어디에 있든 흔들리지 않는 자신만의 본진을 구축해야 한다. 이것이야말로 직장인의 진정한 성공이 아닐까 싶다.

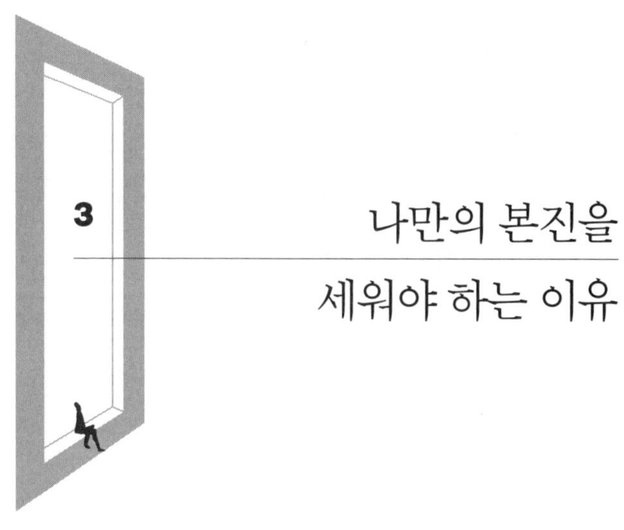

3 나만의 본진을 세워야 하는 이유

새벽 4시, 도시 전체가 깊은 잠에 빠져 있다. 하나둘 창문 불빛이 반짝이기 시작한다. 누군가는 공부하고, 누군가는 일한다. 또 다른 누군가는 곧 시작될 오늘을 준비하며 잠시 숨을 고른다. 이 불빛들은 모두 각자의 '본진'에서 움직이는 삶의 모습들이다.

'본진'이란 단어는 군대에서 시작됐다. 지휘통제본부, 작전통제사령부, 전쟁의 거점이 되는 공간을 말한다. 본진은 전쟁에서 승리하기 위한 다양한 조직을 통제한다. 육군과 공군, 해군 등 다양한 조직을 전체적인 시각으로

운영하는 군의 심장과 같은 역할을 한다.

이러한 '본진'은 단순히 전쟁터에만 있는 것이 아니다. 우리의 삶에도 본진이 있다. 그 본진은 바로 우리가 살아가는 공간이다. 군에서의 본진처럼 집은 휴식의 공간 역할과 함께 직장의 연장인 일터가 되기도 한다. 때론 자신의 취미와 자신만의 꿈을 향해 비밀리에 기술을 연마하는 작업실이 되기도 한다. 집은 본진처럼 다양한 기능과 전략을 총체적으로 구현하는 프레임워크다.

하지만 아직도 많은 이들이 집이라는 공간을 단순히 잠자는 곳으로만 여긴다. 바쁜 사회생활, 피곤한 하루 끝에 겨우 돌아와 몸을 누이는 곳. 이런 집은 그저 쉼터에 불과하다. 집이 나를 위한 진짜 본진이 되지 못하면, 그 위에 어떤 삶도 제대로 세울 수 없다.

젊은 직장인에게 본진은 자기개발의 시작점이다. 잠을 자는 공간이 아니라 꿈을 꾸는 공간, 그 꿈을 실행할 기반이 되는 곳이다. 책상 위의 책 한 권이 삶을 바꾸고, 방 안의 노트북이 미래를 설계할 수 있는 교두보가 될 수 있다.

지방대 출신인 나는 졸업 후 1년이 넘도록 직장을 잡

지 못했다. 가난과 패배의식으로 절어 있던 나에게도 어느 날 행운이 찾아왔다. 지방대 출신이라면 당연히 떨어져야 할 내가 대기업 서류전형에 통과하고, 입사시험과 인터뷰까지 무난하게 합격하는 말도 안 되는 사건이 벌어진 것이다. 나는 너무나 감사하는 마음으로, 정말 회사에 뼈를 묻을 각오로 회사에 출근했다. 하루하루가 너무나 기쁜 날들이었다. 그 당시 나에게는 본진이란 개념이 없었다. 초라한 방 한 칸을 본진으로 삼는다는 것도 이상한 일이라 생각했을 것이다. 정신없이 회사일로 뛰어다니다 보니 눈 깜짝할 사이에 3년이 지나갔다. 대리가 되었다.

그런데 직장생활 5년 차에 이르자 나에게도 슬럼프가 강하게 찾아왔다.

바쁜 회사일 때문에 취업 전부터 마음먹은 영어공부와 자격증 공부, 하고 싶었던 공부들도 모두 포기하게 되었다. 나만의 웅대한 계획을 세워도 바쁜 회사 일정과 선배들의 호출로 일주일도 못 가서 흐지부지 사라졌다. 나만의 미래를 꿈꿔도 무엇을 어떻게 시작해야 할지 곰곰이 생각할 겨를도 없이 퇴근하면 침대에 쓰러지고, 다음날 새벽에 출근하기를 반복하면서 금방 지쳐버렸다. 그때는 본진이 뭔지 알지 못했다. 집이 그저 피로를 풀기 위한 퇴각지로 남아 있을 때, 자기개발은 배부른 공상에 불과했다.

본진의 힘은 공간이 주는 가능성에 있다. 성공한 사람들의 이야기를 들여다보면, 그들 모두에게는 자기만의 본진이 있었다. 애플 창립자인 스티브 잡스는 고등학교 동창인 스티브 워즈니악과 함께 부모님의 차고에서 애플을 시작했다. 그들의 본진은 단순한 주차 공간이었지만, 이곳에서 세계 최초의 개인용 컴퓨터가 탄생했다. 좁고 허름한 차고였지만 그들에게는 창의력과 혁신이 싹튼 공간이었으며, 애플 제국의 출발점이 되었다.

일론 머스크(Elon Musk)는 첫 사업체인 Zip2를 시작할 때 친구와 함께 작은 사무실에서 살았다. 그들의 사무실은 침대조차 없어, 바닥에서 잠을 자고 코딩을 하며 하루하루를 버텼다. 그들에게 그 사무실은 잠과 일의 경계를 넘어 목표를 향해 모든 시간과 에너지를 집중하는 본진이었다.

이들에게 본진은 단순한 공간이 아니었다. 집중하고

몰입할 수 있는 중심, 그곳에서 가능성을 만들어내는 창조의 공간이었다. 나에게도 얼마든지 나의 삶을 계획하고 도전을 준비할 수 있는 공간이 있었지만, 10평짜리 원룸을 그저 침실로만 사용했다. 회사일로 바쁘다는 핑계로 나의 성장이나 미래 따위는 저 멀리 팽개친 채 살았다. 일론 머스크의 사무실에 비하면 나의 원룸은 궁전과 다름없었지만, 그때의 나는 원룸에서 본진을 구축하기에는 너무 작고 초라하다고 생각했다.

결혼하고 나서 지독한 가난에 아내가 괴로워하는 모습을 본 후에야 본진이 필요하다는 것을 깨달았다. 공간이 반드시 커야 본진을 구축할 수 있는 것은 아니었다. 정리된 책상 하나가 생각을 정돈해줬고, 조용한 방 한편에 방석 하나만 놓아도 충분한 몰입의 시간을 경험할 수 있었다. 협소한 신혼 공간이었지만 작은 독서실 테이블을 마련하고 나만의 미래를 준비하는 교두보를 마련했다.

작지만 나만의 본진을 구축한 뒤 회사생활과 밸런스를 유지하면서 시간을 쪼개 자기개발을 시작했다. 빛바랜 자격증 서적을 다시 읽기 시작했고, 원하는 분야의 활동도 시작할 수 있었다. 본진을 세워야 하는 이유는 단 한

가지에 몰두할 수 있는 집중력의 공간 확보다. 동시에 본진은 다양한 전략을 펼치도록 나에게 시간을 할애해 준다. 본진이 있어야 자기개발에 성공하고, 본진에서의 작은 성공들이 회사와 사회생활에서도 자신감을 줄 뿐만 아니라 더 큰 도전을 가능하게 만든다.

많은 2030 직장인들이 본진 없이 살아간다. 집에 돌아오면 피곤함에 곧장 쓰러지고, 책상 위는 정리되지 않은 채 먼지만 쌓여간다. 나를 위한 공간은커녕 생각할 여유조차 없다. 본진이 없는 사람은 앞으로 나아갈 곳이 없다. 삶은 그저 회사와 바깥세상에 이리저리 내몰리는 하루하루가 될 뿐이다. 회사에서 이를 악물고 경쟁에 참여하려 노력하지만, 집으로 돌아왔을 때 나를 지탱해줄 공간의 힘이 없다면 그 모든 노력이 허무해진다. 공간의 힘이란 회사의 시간과 거꾸로 가는 나만의 시간에서 나오는 힘이다. 나만의 목적과 도전을 계획하고 조금씩 성장하는 자신만의 시간을 본진을 통해 창조해야 한다.

본진 없는 삶은 방향 없는 전쟁과 같다. 승리도 없고, 성과도 없으며, 결국 나 자신만 지쳐 번 아웃 되고 만다.

그렇다면 어떻게 해야 자신만의 삶의 본진을 세울 수

있을까? 답은 거창하지 않다. 공간을 의식적으로 만들어 나가는 것, 그것이 시작이다. 집 안이 작아도 좋다. 나만의 코너, 나만의 책상 하나면 충분하다. 그곳에서 공부하고 계획하며 자신을 알아가는 시간을 보내자. 집이 작을수록 더 철저한 정리가 필요하다. 정리된 공간은 정리된 마음을 만든다. 일본의 여류작가 이나가키 에미코는 공간에 대해 이렇게 말한다.

"무언가를 없애면 거기에 아무것도 없게 되는 것이 아니라, 그곳에 또 다른 세계가 나타난다."

세상은 언제나 바쁘게 돌아가고 경쟁은 점점 더 치열해진다. 하지만 그럴수록 우리는 자신만의 본진을 단단히 세워야 한다. 집을 그저 잠드는 곳이 아닌 일터로, 사색의 공간으로, 자기개발의 학원이 되는 삶의 중심으로 만드는 순간, 더는 세상에서 지치지 않고 달릴 수 있게 된다.

본진이 있고 없음의 차이는 실패한 후에 확연히 드러난다. 본진이 있다면 실패한 뒤 왜 실패했는지, 어떤 단점을 수정해야 다시 도전할 수 있는지 전략을 다시 짤 수 있다. 본진의 진정한 힘은 실패와 도전을 무한 반복할 수 있다는 것이다.

본진에서는 회사생활과 자기개발과 가족, 이 모두를 한눈에 살펴볼 수 있다. 본진에서 공간과 시간을 자유로이 이용할 수 있기 때문이다.

당신이 지금 서 있는 공간은 어떤 모습인가? 아침에 접지 않은 이불이 어지럽게 흩어진 흔한 잠자리인가? 아니면 꿈을 향한 도전과 실패의 사각 링인가? 본진을 세우는 순간, 삶이 달라질 수 있다.

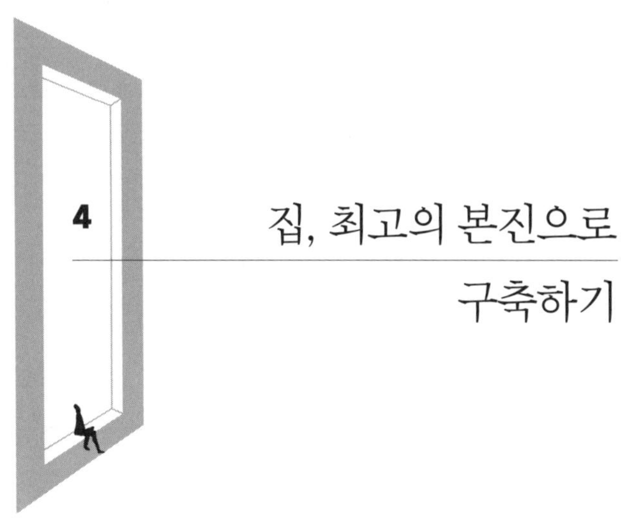

4 집, 최고의 본진으로 구축하기

코로나 팬데믹은 우리의 일상을 송두리째 바꿔놓았다. 2030 직장인들은 사무실 대신 집에서 일하기 시작했고, 기업 문화도 이에 발맞춰 유연성을 중시하는 방향으로 급격히 변했다. 이제 집에서 거실의 테이블이 새로운 업무공간이 되었고, 효율이라는 이름 아래 개인의 삶과 업무의 경계가 점점 흐려지고 있다. 이런 변화는 편리함과 자유를 선사했지만, 동시에 고립과 공간관리에 대한 과제를 던져주었다.

2030 직장인이 다양한 기능과 역할을 탑재한 본진을

구축하기 위해서도 재택근무 환경은 필수 항목이다. 하지만 재택근무 환경을 구축하는 일도, 집에서 회사업무를 하는 일도 현실적으로는 그리 만만찮다.

재택근무라 하면 침대에 걸터앉아 여유롭게 노트북을 펼치는 모습을 상상할 수 있다. 집에서 일과 업무를 동시에 진행할 수 있다니 생각만 해도 환상적이다. 출퇴근 시간이 절약되고 자신만의 공간을 좀 더 전략적으로 사용할 수 있어 2030 직장인에게 집은 최고의 본진이 될 수도 있다.

재택근무도 업무의 형태일 뿐, 업무강도가 낮아지거나 업무량이 줄어드는 것이 아니다. 집을 업무공간과 생활공간이 병존하는 완전한 본진으로 트랜스포밍 하기 위해서는 다섯 개의 키가 필요하다.

집에서 업무를 위한 의자, 업무용 책상, 파티션, 유선랜, 그리고 가족의 동의, 이 다섯 가지가 없다면 재택근무를 포기하는 편이 현명하다. 업무용 의자는 식탁 의자, 소파, 안락의자와는 형태와 기능이 전혀 다르다. 한번 앉으면 최소 1시간에서 3시간은 버틸 수 있어야 한다. 식탁의 딱딱한 나무 의자나 너무 푹신한 안락의자는 업무용으로 적합하지 않다. 허리를 보호하기 위해 완벽한 수평을 유지해야 하고, 높낮이 조절 쇼바가 기본적으로 지원되는 의자여야 한다. 적당한 쿠션과 등받이 기울기, 틸팅 기능도 제공되어야 1시간 이상 집중적인 업무를 수행할 수 있다. 집에서 잠깐씩 앉는 용도의 의자와는 전혀 다르다. 가격이 비싼 편이라 선뜻 구매하기가 망설여질 수 있다. 하지만 가장 먼저 준비해야 할 가장 중요한 업무용 장비가 의자이다.

업무용 책상은 심플한 것이 좋다. 각종 데스크 액세서리와 다양한 편의 기능들은 오히려 업무에 방해된다. 다만 높낮이 조절이 가능한 책상은 졸릴 때 서서 일할 수 있는 장점이 있다. 책상이 너무 크면 업무공간도 넓게 확보돼야 하므로 최대 120센티를 넘지 않는 것이 좋다. 물론 집에서 사용 중인 책상이 있다면 새로 구매하지 않아도 된다. 하지만 업무용이니만큼 개인적인 책들과 다른 물품들은 모두 치우고 노트북 외에는 아무것도 올려놓지 않아야 한다. 아이들 책상 또는 화장대 위에서 랩톱을 펼친다면 곧 병원에서 거북목 처방을 받게 된다. 의자와 함께 업무용 책상은 필수다.

재택근무는 공간만 집으로 바뀌는 것일 뿐 동료들과의 공동작업이나 미팅 등 바뀌는 것은 전혀 없다. 재택근무 중에도 하루에 두세 차례는 온라인 미팅을 하게 된다. 주로 줌(Zoom) 미팅 어플이나 마이크로소프트 팀즈(Microsoft Teams), 구글 미팅을 사용한다.

공간이 협소하거나 개인 공간이 아닌 경우 화상회의 때 낭패를 보기 쉽다. 카메라가 비추는 미팅 참가자 배경은 단순한 벽이 좋다. 카메라 배경에 옷가지가 걸려있거나, 살림살이들이 여기저기 펼쳐져 보인다면 본인뿐 아니라 회의 참석자들도 불편할 수 있다. 배경으로 사용될 벽이 마땅치 않다면 이동식 파티션을 세워 간단히 해결할 수 있다. 재택근무 시 파티션은 카메라 배경뿐 아니라 공간을 구분하고 가족의 시선이나 다른 방해를 차단할 수 있어 꼭 필요하다. 물론 업무용 방을 따로 구성할 수 있다면 파티션은 필요하지 않다. 꼭 재택근무가 아니어도 파티션은 좁은 공간을 용도별로 구분할 수 있어 2030 직장인들에게 매우 유용한 가구다.

모든 업무를 온라인으로 처리하기 때문에 재택근무에서도 속도 빠른 네트워크는 필수다. 집에서 온라인으로 접속하는 업무용 시스템도, 하루에 한두 번은 참여해야 하는 화상 미팅도 빠르고 안정적인 인터넷 속도가 생명이다. 인터넷 속도가 느리면 회의 중간에 튕겨 나가거나 말소리가 끊겨 미팅을 망치게 된다. 조금 더 안정적이고 빠른 속도를 원한다면 무선와이파이 대신에 유선랜을 사용하는 것이 좋다. 무선와이파이는 연결이 불안정하거나 속도 저하가 발생할 수 있어 재택근무용으로는 적합하지 않다. 그보다는 유선 네트워크가 끊김이 없으며 속도 저하가 발생하지 않는다.

재택근무 때 최고의 빌런(villain)은 바로 가족이다. 재택근무를 하다 보면 주로 듣는 이야기가 있다. "집에 있으니 택배 좀 받아 달라." "세탁기 돌려놨으니 빨래를 널어 달라." "청소 좀 해 놔라." 갑자기 온 식구들의 집사가 된다. 재택근무도 업무라면서 화를 내면 가족들의 반박이 즉시 돌아온다. "집에 있으면서 그것도 못 해주냐, 그럴 거면 재택근무는 왜 하냐. 혜택이 없지 않으냐."

재택근무에 대해 가족의 완벽한 동의가 없다면 분가하거나 오피스 근무가 오히려 편하다. 가족이 업무공간과 업무시간을 완벽히 인정해 주지 않는 분위기라면 재택근무는 불가능하다. 화상 미팅 중에 불쑥 들어와 말을 걸고, 업무시간 중에 집안일을 해야 하는 상황이 언제든 발생할 수 있다. 재택근무를 가족이 동의하고 지원하더라도 업무공간은 반드시 생활공간과 구분하여 독립적으로 확보해야 한다. 독립된 업무공간은 재택근무를 방해하는 빌런을 완벽히 방어할 수 있는 튼튼한 본진이어야 한다.

재택근무는 오피스 근무 때보다 단점이 훨씬 더 많다. 회사에서는 퇴근 시간까지 업무를 끝내기로 작정하면 어떻게든 일이 끝나지만, 같은 일인데 집에서는 이틀이 걸려도 끝나지 않는 저질 생산성에 시달려야 한다. 집이라는 공간은 휴식을 위한 장치들로 채워져 있어서 잠시만 한눈을 팔면 침대와 편안한 소파, 맛있는 음식이 당겨 주방에 와 있는 자신을 발견하게 된다.

회사에서는 상사와 동료들의 눈치가 업무 긴장도를 높여주는 역할을 하지만, 집에서는 자신의 갈대 같은 의지만을 믿고 장시간 업무를 수행해야 한다. 회사에서 야근하면 동료와 상사로부터 수고했다며 칭찬받고 커피 한잔 얻어 마실 수 있지만, 집에서는 날밤을 새워 일해도 가족이 알아주기는커녕 '혼자서 일 다 하냐'는 핀잔을 들을 수 있다.

그럼에도 집을 생활공간과 업무공간, 그리고 자신만의 작업공간으로 트랜스포밍 할 수만 있다면, 그 공간은 내 삶을 강력히 성장시키고 지원하는 최고의 본진이 될 것이다.

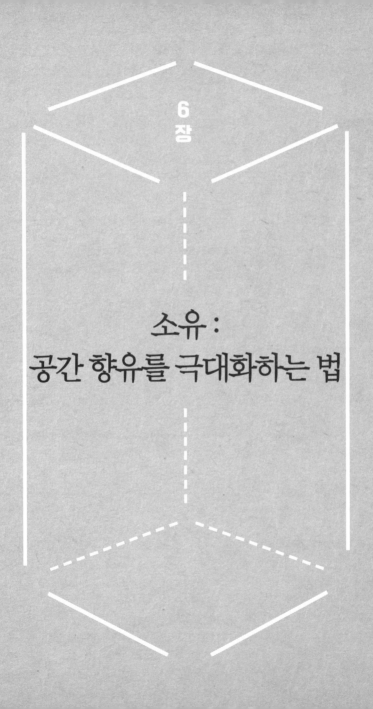

6
장

소유 :
공간 향유를 극대화하는 법

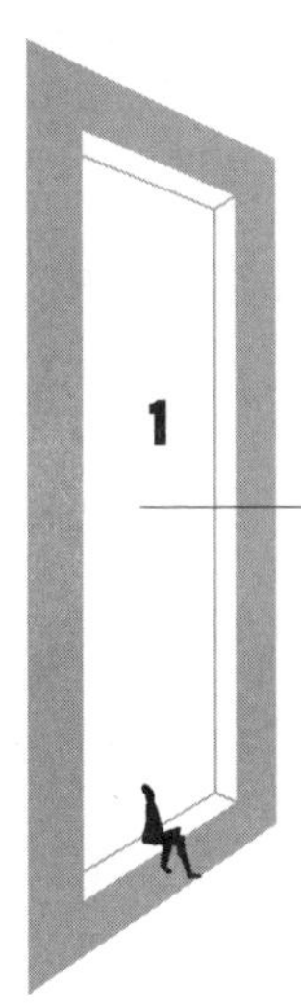

1 공간을 소유한다는 것

성경의 창세기 1장 1절은 공간에 관한 이야기로 시작한다. “태초에 하나님이 천지를 창조하시니라.”

성경의 한 구절이지만, 이 문장에서 ‘하나님’이란 단어가 빠져도 의미는 통한다. 공간이 가장 먼저 창조되었다는 것이다. 단순한 문장처럼 보이지만, 이 안에는 우주의 가장 근본적인 원리가 담겨 있다. 공간이 먼저 만들어지고, 그 위에 시간이 흐른다는 것이다. 그래서 나는 종교와 무관하게 이 문장을 좋아한다.

시간은 독립적으로 존재하지 않는다. 시간은 공간과의

상호작용 속에서만 의미가 있다. 하나님이 맨 처음 '천지'를 창조하셨다는 말은 공간을 먼저 창조하셨다는 뜻이다. 여기서 '천'은 하늘, '지'는 땅, 즉 공간의 기초적 구조를 말한다. 시간은 이 공간 위에서만 흘러갈 수 있다. 그러기에 공간이 창조됨으로써 우주의 시작, 시간의 출발점이 가능하게 된 것이다.

뉴턴은 공간을 실체론적 관점으로 해석하면서 공간은 절대적이고 독립적으로 존재하며, 물리적 사건의 배경을 제공한다고 주장했다. 이는 물질이나 운동과 무관하게 존재하는 고정된 틀로, 모든 물리적 현상이 이 공간 안에서 발생한다고 보았다.

하지만 아인슈타인은 특수상대성이론에서 시공간은 고정된 틀이 아니라, 관찰자의 위치와 운동 상태에 따라 다르게 측정됨을 증명했다. 예를 들어, 달리는 기차에 맨 앞칸과 맨 뒤 칸에 동시에 번개가 친다고 가정해 보자. 기차 중앙에 서 있는 사람은 번개가 앞칸에서 먼저 치고 두 번째로 마지막 칸에서 번개가 치는 것을 보았을 것이다. 이와 동시에 기차 밖에 있는 사람은 두 개의 번개가 동시에 떨어지는 모습을 보게 된다. 이것이 특수상대성이론의 핵심 논리이다.

그렇다면 시간은 공간과 어떤 관계에 있는지 열역학 제2법칙으로 밝혀졌다. 프랑스의 물리학자 니콜라 레오나르 사디 카르노(Nicolas Léonard Sadi Carnot, 1796~1832)가 처음 연구하기 시작한 열역학 제2법칙에 따르면, 엔트로피(무질서도)는 항상 증가하는 방향으로 변화한다. 시간이 '미래로 흐른다'는 개념은 엔트로피가 증가하는 자연적 경향과 일치한다. 즉, 시간은 엔트로피의 증가에 따라 사건 간의 '전'과 '후'를 구별하는 도구로 작용한다. 시간은 독립적 실체가 아니라 물리적 변화에 따른 관측에 의해 정의된다. 공간에서 입자의 움직임이나 상태 변화가 없다면, 시간은 의미를 잃게 된다. 엔트로피는 공간 내에서 물질과 에너지의 분포를 기술하는 함수이다. 그러므로 공간이 없다면 엔트로피 증가를 정의할 수 없으므로, 시간은 공간에 종속적이다.

공간 안에서의 시간이 의미가 있다는 개념은 삶의 모든 영역에서 적용될 수 있다. 우리가 어떤 일을 시작하려면 먼저 공간을 만들어야 한다. 아이디어가 자리 잡을 수 있는 공간, 관계가 형성될 수 있는 공간, 성장과 변화를 담아낼 수 있는 공간 등 공간의 그릇을 먼저 만든 다음에야 시간은 흐르고, 이야기는 시작된다.

시간은 사건과 사건이 만들어내는 이전과 이후의 변화된 이벤트로 연속성을 갖는다. 열역학 제2법칙이 밝혔듯 시간은 공간이라는 그릇 이후에 만들어지는 하나의 사건과 희망을 위한 도전의 조각들이다.

그래서 자신이 부자가 되려 하든, 최고 전문가가 되려 하든, 맨 처음에는 전략적 본진에 해당하는 공간이 꼭 필요하다. 성공은 대부분 단계적으로 이루어진다. 처음에는 아주 작은 공간에서 시작된다. 그 공간에 노력을 담고, 사람들이 모여들어 사업이 확대된다면 그에 맞는 공간으로 이전해야 한다.

개인적인 성공도 마찬가지다. 안정된 본진이 구축되어야 자기계발을 통해 더 큰 목표를 가지게 된다. 튼튼한 본진이 있어야 다음 단계로 확장이 가능하다. 자기계발, 관계의 확장이라는 상위 단계로 나아갈 수 있다. 공간은 이런 확장성을 가능하게 해준다. 안정적인 기반이 없다면 성장 자체가 불가능하다.

나에게 첫 본진은 낡고 비좁은 빌라였다. '요즘 누가 빌라를 사나.' '빌라 사면 망한다던데.' 부모님과 지인들의 걱정을 뒤로하고 매수한 빌라였다. 공간의 중요성을 일찍부터 인식하고 있던 나에게는 든든한 본진 마련이 우선이었다. 가난한 신혼살림에 처음부터 아파트를 매수하지는 못했지만, 그동안 저축해온 전 재산과 부모님의 도움을 받아 등기부 등본에 내 이름을 올릴 수 있었다.

그런데 그때부터 생각지도 못한 일들이 벌어지기 시작했다. 나만의 본진이 생긴 후 없던 자신감이 생겨나기 시작한 것이다. 회사에서도 더이상 눈치 보지 않게 되었다. 장기 계획도 세울 수 있었기 때문에 작은 실패와 다른 사람들의 뒷담화 따위는 신경 쓰이지 않았다. 동료들이 책임을 회피할 때, 나는 그 책임을 떠안고 문제를 해결해 보려 했다. 다른 회사에 가더라도 내 사업을 하더라도 문제해결 능력은 반드시 필요한 거라 생각했다. 든든한 본진이 있고 난 후부터 업무를 도전적으로 처리할 수 있었다.

일을 배우기 위해 돈 내고 학원에도 다니는데, 직장에서 월급 받으며 새로운 기술에 도전하는 것은 힘들면서도 짜릿했다. 회사에서 제시하는 도전과제들과 고민거리들도 더이상 걸림돌이 되지 않았다. 회사업무에 두려움이 없게 되면서 누구나 꺼리는 신기술 프로젝트에도 앞장서 수행했다. 직책이 프로그래머이지만 고객을 상대로 영업 전선에 뛰어들기도 했다. 실패해도 돌아갈 든든한 본진이 있다는 믿음이 있었기에 더 치열하게 업무에 집중할 수 있었다. 그러한 이유로 나는 동료들을 제치고 과장 3년, 차장 4년, 부장 3년이라는 초고속 승진을 할 수 있었다.

다 그런 것은 아니겠지만, 집을 소유하지 못한 사람들의 상실감은 단순히 물리적 공간의 부재에서 오는 것만은 아니다. 우리는 사회에서, 직장에서 매초 발생하는 도전에 대응해야 하고, 리스크를 감수할지 회피할지를 결정해야 한다. 집을 소유하지 못한 사람들에게 리스크는 도전이 아니라 생존과 직결된 문제로 다가온다. 자신의 집을 소유한 사람은 그러한 감정을 극복할 수 있지만, 그렇지 않은 사람에겐 견딜 수 없는 상실감으로 다가올 수 있다.

무너짐은 여기에서 시작된다. 상실감은 단지 무언가를 잃었기 때문에 생기는 것이 아니라, 그 잃어버린 것이 삶의 안전망이자 희망이었다는 사실을 깨달았을 때 더욱 크게 다가온다. 모든 것을 잃어도 처음부터 다시 시작할 수 있다는 믿음, 그 믿음의 기반을 제공하는 것이 집이다. '집만 있다면'이라는 말은 단순한 위안이 아니다. 그것은 삶의 시작점이며, 새로운 가능성을 열어주는 출발점이기 때문이다.

치열한 직장 세계에서, 삶의 현장에서 더 많이 리스크를 거는 사람이 결국 이긴다. 그러나 집이 없는 사람들에게는 리스크를 감당할 기회조차 주어지지 않는다. 집이 없다면, 실패는 곧 절망이 된다. 반면에 집이 있다면 실패는 또 다른 도전으로 바뀐다.

그래서 집은 단순한 자산이 아니라 삶의 방패이며 도약대이다. 내 집에서 출발하는 삶은 그렇지 않은 삶보다 더 안정적이고 성공의 확률도 높여준다. 웬만한 일은 집에서 다 극복할 수 있기 때문이다. 결국, 집을 소유하지 못한 사람들의 상실감은 자본주의가 요구하는 게임의 규칙을 이행할 수 없다는 데에서 기인한다. 집은 단순히 부동산 시장에서의 자산이 아니라, 인생의 기반인 것이다. 집이 없다면, 삶은 불안정하고 무질서해질 수밖에 없다. 내 집이 주는 안정감은 상실감에 대한 가장 강력한 해독

제 역할을 할 수 있다.

공간은 시간에 선행하는 필요조건이다. 성공은 대부분 단계적으로 이루어지기 때문이다. 시간은 하나의 사건과 사건들이 점으로 연결된 긴 선형이다. 하나의 점, 하나의 사건으로 끝나는 것이 아니라, 앞의 사건은 뒤의 사건의 원인이 된다. 이들 사건을 담는 그릇이 없다면 선들은 연결될 수 없다. 또한, 사건과 사건들은 처음부터 원하는 대로 만들어지지 않는다. 수많은 실패와 시행착오를 거쳐 성공에 이르게 된다. 이때 튼튼한 공간이 있어야 포기하지 않고 사건에 집중할 수 있다. 반복해서 실패하더라도 돌아갈 본진이 버티고 있다면 다시 전략을 수정해서 도전할 수도 있다. 한 단계 위로 성공했다면 그에 맞는 공간을 다시 트랜스포밍 하고 전략을 업그레이드할 수 있다.

일상에서의 공간과 시간의 흐름에 대한 성찰은 물리학에서도 흥미로운 주제이다. 아인슈타인의 특수상대성이론은 공간과 시간이 단순히 별개의 개념이 아니라 '시공간'이라는 하나의 연속체로 얽혀 있음을 보여준다. 그러나 그 시공간의 얽힘에서조차 공간은 '그릇'의 역할을 한다. 그릇 없이 물을 담을 수 없듯, 공간 없이 시간은 존재할 수 없다. 공간이 없다면 우리는 어디에 존재할 수 있을까? 공간의 부재는 곧 시간의 부재를 의미한다. 시간은 공간 속에서 변화로 표현된다. 이처럼 공간은 단순한 물리적 배경이 아니라 시간의 점들, 모든 존재와 사건이 펼쳐지는 무대이다.

당신이 지금 서 있는 공간은 어디인가? 작업실, 서재, 침대, 카페 등 다양할 수 있다. 하지만 이 공간은 시간의 변화에 따라 내가 통제할 수 있는 공간과 내가 통제할 수 없는 공간으로 나뉜다. 이 공간을 통제할 수 있을 때 흐르는 시간도 통제할 수 있다.

2 공간 서열

지금부터는 소유적 관점에서 공간을 이야기하려 한다. 공간을 구축하고 트랜스포밍 하는 것을 넘어 공간을 소유하게 되면 그것이 자산의 기능도 갖기 때문이다. 2030 직장인을 고단하게 만드는 돈, 공간은 돈 자체이기도 하고 돈으로부터 해방되게 만드는 중요한 도구다.

이쯤에서 눈치챘을 것이다. 그렇다. 나는 '공간이 나를 성장시킨다'는 신념으로 나만의 공간을 구축하기 위한 노력을 오랫동안 기울여왔다.

공간을 통한 성장뿐만 아니라 소유적 관점에서 공간이란 무엇인가에 관한 공부도 놓지 않았다. 다양한 공간을 경험하고 여러 공간을 소유하면서 공간의 사용과 본질은 무엇인지 알기 위해 주택 관련 공부에도 도전했다. 공인중개사 자격증을 획득하고 현장 업무도 경험하면서 빌라와 아파트 매매시장 경험도 했다. 특정 업체 소속은 아니지만, 현재 3개의 부동산 전문 법인에서 컨설팅 매니저 역할로 도움을 주고 있다. 그 결과 다양한 경험과 지식을 가질 수 있었고, 젊은 후배들에게 들려줄 이야기도 생겼다.

상대방의 인생 목표를 알게 되면 비로소 그 사람을 이해할 수 있다. 같은 사무실 공간에 근무하는데 왜 그 직원은 별것 아닌 일에도 화를 냈는지, 왜 그 직원은 야근을 절대 하지 않았는지, 그의 계획을 알았더라면 퍼즐을 맞출 수 있었을 것이다. 그가 앞으로 어떻게 성장할지, 어디로 갈지, 언제 떠날지도 예측할 수 있다.

삶을 담는 그릇이 공간이라면 공간 구축에 목표와 계획이 필요하다. 사랑하는 연인과 1년 안에 결혼하는 것이 목표라면 서로의 직장 위치를 고려해 신혼집을 계획해야 한다. 신랑은 구로에 근무하고, 신부는 잠실에 근무한다면 두 직장의 중간지점이나 교착지를 알아봐야 할 것이다. 지역에 대한 고민과 함께 거주 형태와 크기도 계획에 포함해야 한다. 결혼 후 곧바로 출산 계획이 서 있다면 방이 2개 이상은 있어야 하지만, 3, 4년 이후 또는 아직 계획이 없다면 그에 맞는 규모면 된다.

이처럼 사람들의 삶의 궤적과 함께 공간 계획은 절대 분리할 수 없다. 공간 계획을 개인의 공간에서 도시의 공간으로 확대하더라도 마찬가지다.

우리나라는 [국토의 계획 및 이용에 관한 법률] 및 [도시·군기본계획 수립 지침]에 따라 도시공간의 목표를 설정하고 구체적인 계획을 세운다. 누구나 국토부 홈페이지, 토지이음(www.eum.go.kr) 사이트 자료실에서 상세한 내용을 확인할 수 있다. 도시인구의 변화와 시민들의 삶의 변화 등을 면밀히 파악해 20년마다 도시기본계획을 설립하고 5년마다 수정을 반복한다.

정부가 만들어 수행하는 이 문서에는 공간 구조에 대한 매우 중요한 정보가 들어 있다. '2040 서울도시기본계획'에는 서울을 수준 높은 생활환경으로 만들고, 서울이 가진 국제업무 교류 기능을 강화하여 국제도시 경쟁력을 강화하겠다는 공간의 미래상이 그려져 있다. 서울시는 이 미래상에 부합하도록 7가지 세부 목표를 정했다.

1. 걸어서 누리는 다양한 일상

2. 수변공간의 잠재력 발굴

3. 새로운 도시공간의 창출

4. 미래성장거점의 육성과 연계

5. 기술발전에 선제적 대응

6. 미래 위기를 준비하는

7. 도시의 다양한 모습 구현

정부 문서이기 때문에 조금 딱딱하게 느껴지는 단어와 표현들을 볼 수 있다. 하지만 이 문서는 내가 살고 있고, 앞으로 살아야 할 도시공간에 대한 목표와 계획이기 때문에 구체적인 부분까지는 다 읽어 볼 수 없다 하더라도 반드시 체크 해야 하는 부분이 있다.

도시 공간에 대한 구조는 그 안에서 살고 있는 도시민들의 직장과 주거지와 교통, 생활 인프라까지도 고려된

청사진이다. 서울은 '3도심-7개의 광역 중심-12개의 지역 중심'이라는 중심지 체계를 만들어 이 지역들을 중심으로 미래공간을 더욱 발전시켜 나가겠다고 한다. 3도심은 국제문화교류 중심지인 서울 도심, 국제금융중심지인 여의도-영등포, 국제업무중심지인 강남으로, 서울 도시의 핵심지이다. 각 도심은 위치와 목표가 명확히 확정되어 있다.

서울시는 앞으로 시작될 공간 계획과 기능고도화 사업을 이 기준에 맞추어 수행하려고 노력할 것이다. 예를 들어 창동·상계 광역 중심지는 7개의 광역 중심지 중 바이오메디컬, 친환경에너지, 문화 콘텐츠 사업을 중심으로 집중육성하겠다는 계획이다. 그런데 이곳에 패션문화, 관광 관련 지원 사업을 펼치기는 어려울 것이다. 이런 특성은 12개 지역 중심의 동대문지역이 가지고 있는 특성과 육성 방향이다.

공간의 특성과 육성 방향에 따라 교통이 확대되거나 축소된다. 공간 계획에 따라 광역교통망인 GTX 역이 들어서고, 혼잡구간을 해소하기 위해 노선을 추가하기도 한다. 공간의 특성과 관련 있는 인프라를 설치해 사람들을 더 많이 끌어 유입하기도 하고, 반대로 너무 밀집도가 높은 공간에서는 주변 지역으로 사람들을 유출시킨다.

향후 20년 뒤의 도시 공간에 관한 계획이기 때문에 진행 속도는 우리가 거의 인식하지 못할 정도로 늦다. 때로는 여건상 계획 자체가 멈추거나 사라지기도 한다. 5년마다 한 번씩 기본계획에 대한 수정안이 발표되므로 일반인이 해석하기에 난해할 수 있다. 다만 우리가 일상에서 볼 수 있는 공간의 작은 변화만으로도 도시기본계획에 관한 공부가 가능하다.

우리가 늘 출퇴근하면서 무심히 지나치는 어떤 지역이 유난히 사람들도 많아지고 변화하고 늘 번쩍번쩍하다면 도시기본계획에 의해 공간이 새롭게 만들어지고 있거나 더 고도화됐을 수 있다. 그곳에 어느 날 갑자기 스타벅스가 생겼다면 서둘러 시청 홈페이지에 접속해 도시기본계획을 다운로드 받아 공간의 변화를 찾아본다면 분명 힌트를 발견할 수 있을 것이다.

자신만의 공간에 의도가 있듯이 도시공간에도 분명한 목적이 있다. 자신이 살고 있는 도시의 20년 후 청사진을 살펴보면서 그 공간 속으로 미래의 자신을 소환해 잠시 머물러 보시기 바란다. 지하화된 한강변 올림픽도로 위 푸른 잔디를 밟으며 한강변을 걷고 있는 자신을 상상해 볼 수 있다. 미래의 공간은 내가 원하는 경제적인 수익과 성공에 확신을 심어 준다. 그 공간을 아직 소유하지 못했지만, 도시기본계획의 공간 구조를 이해한 후, 자신의 능력에 따라 공간을 선택해서 도시와 함께 성장할 수 있다.

—— 10미터 왼쪽도, 오른쪽도 아닌 바로 그 공간!

이제 우리는 공간의 중요성, 소유적 혜택, 화폐적 기능, 인플레이션에 대응하는 가치의 저장기능까지 살펴볼 것이다. 그렇다면 어떤 공간을 소유해야 할까?

수많은 선택지 중 단 하나, 가장 먼저 따져야 할 우선순위는 바로 입지다. 이왕에 나만의 공간을 구축할 거라면, 그곳의 가격과 신축이냐 구축이냐보다 입지에 더 높은 비중을 두고 선택해야 한다. 그 이유를 알아보자.

"나는 지금 죄인의 신분이므로 너희들에게 우선 시골집에서 지내도록 하였지만, 장차의 계획은 오직 서울의 십리 안에서 거처하는 것이다. 만약 가세가 쇠락하여 도성 깊숙이 들어가 살 수 없다면, 잠시 근교에 머무르며 과수를 심고 채소를 가꾸어 생계를 유지하다가 재산이 좀 넉넉해지면 그때 도심의 중앙으로 들어가더라도 늦지 않을 것이다."

다산 정약용 선생이 땅끝 마을 유배지에서 기거하고 있을 때 두 아들의 미래를 걱정하며 쓴 편지 내용 중 일부다. 이 편지에서 다산은 아들들에게 서울 도성 안에서 거주하며 문화와 학문의 중심지에서 생활할 것을 권장하고 있다. 이는 당시 서울이 교육과 정보의 중심지였음을 반영하며, 자녀들이 문명 세계에서 학문을 닦고 안정된 삶을 영위하기를 바라는 부친의 마음이 담겨 있다.

조선 시대에도 서울의 입지가 막강했다는 것을 알 수 있다. 왜 정약용 선생은 서울 안에서 살아야 한다고 생각한 걸까? 사람이 살기 좋은 공간을 입지라고 부른다. 좋은 입지에는 좋은 사람들이 모여들고, 응집되는 에너지의 영향으로 그 입지 안에 사는 사람은 부자가 되거나 삶의 질이 높아질 수 있다. 심지어 그곳에 들어온 사람이 아둔하더라도 말이다. 공간이 사람을 키운다는 사실을 정약용 선생은 일찍이 통찰한 것이다.

입지(Location)는 공간을 형성하고 그 공간의 가치를 정의하는 가장 근본적인 요소다. 단순히 '어디에 위치해 있는가'라는 물리적 좌표를 넘어서, 입지는 경제적, 사회적, 환경적 관점에서 공간의 잠재력을 평가하는 기준이다. 한 공간의 입지는 그 공간이 가진 접근성, 주변 인프라, 자연환경, 그리고 미래 가능성까지 포괄적으로 아우르는 개념이다. 이것을 이해해야 한다. 이는 부동산에서뿐만 아니라 모든 공간의 설계와 활용에서 매우 중요한 개념으로 작용한다.

대부분 좋은 입지는 평평한 지형이며 앞에는 강이 흐르고 뒤에는 산으로 둘러쌓여 좋은 자연적 환경을 갖추고 있다. 압구정과 여의도, 성수 등 좋은 입지는 평지에 한강변을 끼고 있음을 알 수 있다. 이런 지형은 과거부터 물류와 교통의 요지로 활용되면서 오늘날까지 이어져 사람들이 많이 모이는 공간으로 고급 주거 공간이 되고 있다.

1960년부터 80년대까지 개발된 강남은 허허벌판에 정부가 처음부터 도시설계를 통해 신도시로 만든 경우다. 이런 입지는 자연적으로 생성된 도시와 달라 모든 공간에 질서가 자리한다. 넓게 직선으로 뻗은 도로 설계와 함께 공간에 필요한 요소들을 인위적으로 배치하여 도시가 발전하는데 필요한 효율성과 효과성이 극대화되도록 했다. 특히 강남은 대형 상업지구, 업무단지, 주거지 등을 구획으로 나누어 밀집 설계됐으며, 경제적 중심지로 발전할 수 있도록 처음부터 기획됐다. 학군과 풍부한 문화시설을 위한 공간을 확보하여 젊은이들이 몰려들도록 만든 점도 신의 한 수였다.

강남은 서울의 주요 교통망이 집중된 지역으로, 지하철 2호선, 3호선, 신분당선 등 다양한 노선이 연결되어 있다. 또한, 강남대로와 테헤란로 등 주요 도로망이 있어 서울 및 수도권 전역으로의 접근이 쉽다. 강남의 하루 유동인구는 100만 명에 달한다. 서울의 전체 인구수가 1천만이라고 했을 때 10%가 넘는 사람들이 매일 강남을 드나든다는 이야기다. 강남구는 삼성 등 국내외 주요 기업의 본사와 IT, 금융 산업의 중심지로 자리 잡고 있다. 테헤란로 일대는 '한국의 실리콘밸리'로 불리며, 글로벌 비즈니스와 스타트업의 중심지 역할을 하고 있다. 게다가 강남은 대한민국에서 가장 우수한 학군으로 꼽히는 지역 중 하나다. 대치동 학원가와 명문 중·고등학교들이 밀집해 있어 고등학생 아이를 학원에 보내기 위해 강남에 입성하는 열성 부모들도 많다.

지방 대도시에 하나 있을까 말까 한 백화점과 대형 쇼핑몰을 강남에서는 흔하게 볼 수 있다. 이런 대형 공간은 고급 레스토랑, 문화시설 등 다양한 생활 인프라를 갖추고 있다. 특히 코엑스, 압구정 로데오 거리 등은 쇼핑과 문화의 중심지로 사랑받고 있다.

강남구는 삶의 질 또한 서울시에서 가장 높은 공간으로 한강, 양재천, 대모산 등 자연환경이 가까워 쾌적한 주거환경도 제공한다.

강남은 이처럼 대한민국에서 가장 좋은 입지를 가지고 있다. 강남에 사는 사람들은 가장 빠르게 상승하는 주택가격을 경험할 것이다. 경제가 파탄 나지 않는 한 강남의 아파트는 누구나 소유하고 싶은 최고의 공간으로 앞으로도 오랫동안 사랑받을 것이다.

그렇다면 내가 사는 공간의 입지 수준은 어느 정도일까? 입지를 평가하는 교통망과 직장, 학교 등을 펼쳐놓고 보면 지금 내가 살고 있는 공간의 입지 수준, 그러니까 공간의 잠재력을 알 수 있다.

| 교통 평가 |

지하철 근처에 거주한다면 서울 시내 전체가 나의 생활권이 된다. 갑자기 친구가 마포에서 순대를 먹자고 해도, 강남의 가로수길에서 차 한잔 마시자고 해도 전혀 부담되지 않는다.

주요 교통망(지하철역, 버스 정류장, 고속도로 등)과의 거리를 확인해 보자. 특히, 대중교통 이용이 편리한 지역은 높은 입지 가치를 가진다. 집에서 지하철까지 걸어서 10분 이내를 역세권이라고 한다. 직장, 학교, 상업 시설 등 주요 목적지와의 이동 시간을 고려해 보자. 집에서 직장과의 거리는 1시간을 기준으로 하며, 학교는 집에서 큰 도로를 건너지 않는 곳이 좋은 입지다. 상업 시설은 너무 붙어 있으면 시끄럽고, 집에서부터 걸어서 10분 거리가 적당하다.

| 인프라 조사 |

나이가 60이 넘은 사람이거나 부모를 모시는 상황이라

면 주변에 대형병원의 유무가 매우 중요하다. 문화시설과 백화점이 가까이 있다면 삶의 질이 높아지는 것은 물론, 사람과의 만남도 집주변에서 해결할 수 있는 이점이 있다.

쇼핑몰, 병원, 공원, 문화시설 등 생활 편의 시설이 집에서 가까운지 살펴보자. 이런 시설들은 삶의 질을 높이고 공간의 가치를 더한다. 집 근처에 백화점이나 이마트 등 할인점이 있으면 좋은 입지이다. 종합병원이나 대형병원도 입지를 형성하는 중요한 요소가 된다. 일산의 호수공원은 그 지역의 입지를 높이기 위해 인공으로 만들어 효과를 본 사례다.

해당 지역에서 진행 중이거나 예정된 개발 프로젝트(도시재생사업, 대규모 단지 개발 등)가 있는지 조사해 보자. 이는 미래 가치를 판단하는 데 참조할 수 있다. 하지만 너무 크게 비중을 두지는 않는 것이 좋다. 누구도 미래를 확정할 수 없으며, 토목 사업은 끝나야 완성됐다고 할 만큼 시간과 변수가 큰 사업이다.

| 경제적 여건과 안정성 |

좋은 사람들과 공간에 함께 있다는 것만으로도 좋은 기운과 즐거운 경험을 할 수 있다. 내가 원베일리에 놀러갔을 때, 많은 입주민이 아파트 안에 있는 카페테리아에서 친교를 하고 있었다. 잘사는 사람들은 왠지 까칠하고 말도 없을 줄 알았는데, 사실은 그들만의 네트워크와 정보교류가 그 어느 계층보다도 활발했다.

공간을 소유함으로써 화폐 기능도 확보하고 싶다면 시간이 지남에 따라 공간의 가치가 올라가는 것이 좋다. 이를 알려면 해당 지역의 부동산 가격 변동 추이를 분석해야 한다. 가격이 안정적으로 상승하거나 위기 상황에서도 하락 폭이 작다면 좋은 입지일 가능성이 높다. '호갱노노' 또는 '아실' 같은 앱을 이용하면 그 지역의 부동산 가격 변동을 손쉽게 확인할 수 있다. 지역 경제가 얼마나 활발한지, 그 지역의 거주민 숫자는 얼마나 되는지, 주요 기업이나 기관이 밀집해 있는지를 알면 그 지역의 수준을 알 수 있다. 경제 중심지는 항상 높은 입지 가치를 지닌다.

| 교육 및 학군 점검 |

인터넷 강의가 활성화되면서 대치동 강남아줌마 이야기가 쏙 들어간 듯하다. 하지만 실제로 고등학생들은 오프라인 강의를 선호한다. 그 이유는 집중력의 차이라고 한다. 최근의 학원 트렌드는 30~40명씩 학생들을 모아 수업하는 게 아니라 5명 내외의 소수 정예반으로 강사와 학생 간에 더 밀접한 거리에서 수업이 이루어진다고 한다. 아무리 인터넷 강의가 보편화 되었다고 해도, 국어와 수학 강의는 오프라인 수업을 더 선호한다. 그런 면에서 볼 때 학원가 근처에 공간을 마련하는 것은 자녀교육에 큰 영향을 미친다.

학군은 가족 단위 거주자에게 중요한 요소이다. 우수한 학군은 해당 지역 부동산의 가치를 유지하고 상승시키는 핵심 요인 중 하나다. 대전의 둔산동과 대구의 범어동은 지방 도시 중 학원가로 단연 입지를 끌어 올린 지역이다.

| 자연환경 및 쾌적성 |

좋은 입지를 형성하는 데 있어 공원, 강, 녹지 등 자연적 요소가 최근 중요시되고 있다. 하지만 자연적인 요소를

도심의 인프라와 같은 공간에서 기대하기는 쉽지 않다.

입지를 구성하는 요소들이 모두 좋을 수는 없다. 자연환경이 쾌적한 입지라면 병원이나 직장과의 거리가 멀리 떨어져 있을 수 있다. 학군은 좋은데 교통이 불편할 수 있다. 단지 살고 싶은 공간을 찾는 것은 그리 어렵지 않다. 호갱노노, 아실, 네이버부동산 앱을 이용해 그 지역에서 가장 비싼 국민 평형(84type) 아파트단지를 찾으면 끝이다. 그 아파트단지가 위치한 곳이 가장 입지가 좋은 경우가 대부분이다.

입지는 사람들이 살고 싶어 하고, 소유하고 싶은 공간이다. 사람들의 공간에 대한 욕망은 입지마다 가격이라는 숫자를 달고 정확한 순위로 표시된다. 우리는 최고 숫자가 적힌 아파트를 확인하고 잠시 시간을 내어 그 지역에 방문해 식사하고 오는 것으로 입지를 파악할 수 있다.

하물며 입지가 좋은 곳에 위치한 공간은 안정적인 자산 가치를 유지하거나 상승시킬 가능성이 높다. 대표적인 사례로, 서울 강남구의 아파트는 대한민국 내 최상급 입지를 대표하며 지속해서 자산 가격을 높여 가고 있다. 진정한 입지의 힘은 경제가 무너지고 시장이 하락할 때 나타난다. 경제 위기가 찾아오면, 수요와 공급의 법칙에 따라 부동산 가격이 전반적으로 하락한다.

하지만 좋은 입지의 경우, 수요가 상대적으로 꾸준히 유지되기 때문에 가격이 덜 하락한다. 예를 들어, 지난 2022년 코로나 이후 폭등한 이자율로 인해 전국적으로 부동산 가격이 폭락했음에도 강남 아파트는 다른 지역에 비해 하락 폭이 작았다. 이는 입지가 가진 강한 방어력 때문이다. 부동산 시장이 회복 국면에 접어들면, 투자자와 수요자들은 가장 안전하면서도 높은 수익을 기대할 수 있는 입지에 관심을 쏟는다. 이로 인해 좋은 입지의 부동산 가격이 먼저 상승한다. 이는 강남 아파트가 2023년 시장 회복 초기에 가장 먼저 가격 상승을 기록한 사례에서도 확인할 수 있다. 2030 후배들이 직장에서 힘들게 번 돈이 녹지 않도록 인플레이션을 방어하려면, 이왕이면 입지가 좋은 공간을 선택해서 자산을 보관하는 것이 더 유리하다.

입지는 위치이기 때문에 생활 편의성, 안전성, 쾌적성과 삶의 질에 직접적인 영향을 미친다. 좋은 입지는 출퇴근 시간 단축, 교육 및 의료 접근성 향상, 여가 및 문화생활의 기회를 제공하기 때문에 개인과 가족 모두에게 생활의 만족을 안겨 준다.

좋은 입지는 비즈니스와 개인의 사회적 연결성을 강화한다. 뉴욕 맨해튼이나 서울 강남과 같은 지역은 단순히 주거지가 아니라 사회적, 경제적 기회의 중심지로 작용한다.

공간에는 분명한 입지적 서열이 존재하고, 자신의 선택이 올바른 방향이라면 공간은 분명 나의 의사와 상관없이 내 삶의 수준을 높여 놓을 확률이 높다.

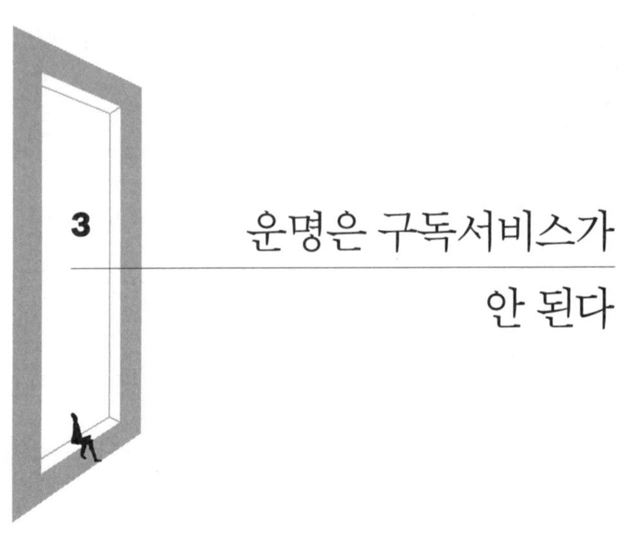

3 운명은 구독서비스가 안 된다

프랑스 철학자 가스통 바슐라르(Gaston Bachelard)는 공간은 인간의 기억과 상상력을 품는다고 강조했다.

우리 모두는 어렸을 때 부모님과 함께 식사하고 생활했던 공간을 기억한다. 성인이 되어서 분가를 해도 자신의 어릴 적 공간에 대한 향수는 지우지 못한다. 예를 들어 추석 명절 때 교통지옥을 감수하고 고향을 찾는 이유가 꼭 가족과 부모님 때문만은 아니다. 그곳에는 자신의 어린 시절 이야기가 존재하고 그 이야기는 현재의 나와 연결된다. 어린 시절의 공간은 나만의 공간만은 아니다. 가족들과 함께한 공간이다. 더 정확히 표현하면 부모님의 공간에 내가 있었다. 부모님 의도대로 내 방이 지정되고, 나머지 집이라는 공간도 부모님 의사에 따라 확정된다.

그러다 성인이 되면서 나만의 이야기를 만들려면 부모님의 공간에서 독립해야 함을 깨닫는다. 부모님의 공간에서 나만의 이야기를 만들 수는 없다. 물리적인 집안의 구조를 수정할 권한이 나에게 있지 않고, 부모님의 공간이기 때문에 나의 삶과 일치된 나만의 공간을 꾸미기에는 한계가 있다.

그럼에도 부모님의 공간에서 독립하지 못하는 2030 세대가 늘고 있다. 그들을 캥거루족이라 부르는 신조어도 생겼다. 물리적인 공간의 한계도 따르지만, 무엇보다 부모님의 부담이 너무 크다. 캥거루족을 안고 사는 부모님은 다 큰 자녀와 공간을 공유하면서 그들의 생활비와 식비 등도 부담하며 마치 청소년 때처럼 그들을 부양하느라 경제적으로 힘들다. 그러니 부모와 자녀 간에 공간 분리가 어렵다.

캥거루족이란 다 컸는데도 독립하지 않고 부모님과 동거하는 2030 세대를 지칭한다. 2023년 조사 결과 20~49

세의 수도권 미혼 남녀 열 명 중 여섯 명은 부모와 동거 중이라고 한다. 20대는 그렇다 쳐도, 나이 30이 넘어서도 부모님과 함께 산다는 것은 어딘가 자연스럽지 않다. 그럼에도 30대의 50.1%가 독립하지 않고 부모님과 함께 살고 있다는 사실이 믿기지 않는다. 도대체 무엇이 이들을 캥거루족에서 벗어나지 못하게 하는 걸까?

캥거루족들은 언제나 공간에 대한 기회비용을 계산한다. 기회비용(Opportunity Cost)은 어떤 선택을 할 때, 그로 인해 포기해야 하는 다른 선택의 가치를 의미한다. 캥거루족은 언젠가 올 수도 있다는 미래의 완벽한 기회를 하염없이 기다린다. 섣불리 독립했다가 완벽한 기회를 잃게 될까 봐 캥거루족들은 부모님의 공간에서 한 발짝도 움직이지 않는다. 자신의 삶에 있을지 없을지 확실하지도 않은 기회비용이 두려워 아무것도 선택하지 않는 방식으로 부모님의 공간에 숨어든다.

선택은 언제나 책임이 뒤따르기 때문에 이제 막 성인이 된 MZ 세대에게는 부담스럽고 두려울 수밖에 없다. 스스로 모든 것을 책임지기에는 부담스럽고, 소비는 하고 싶은 어정쩡한 상황에서 '구독'이라는 판매형태는 2030 세대들에게 한 줄기 빛으로 보일 수 있다.

구독은 물건을 완전히 소유하는 것이 아니라 필요할 때만 빌려 쓰는 구매 방식이다. PC 사용자라면 대부분이 사용하는 워드, 엑셀, 파워포인트 등 '마이크로소프트 오피스'라는 소프트웨어를 구매해야 한다. 단품 가격은 50만 원을 상회하지만 1년 사용료 3만 원대의 오피스 구독서비스가 출시되었다. 이처럼 웬만한 제품은 빌려 쓰기가 가능해졌다. 작게는 유튜브나 '밀리의 서재'와 같은 소프트웨어 구독서비스도 있지만, 자동차, 정수기, 가전제품 등 가격대가 큰 제품들도 빌려 쓰기가 가능해졌다.

구독서비스는 불필요해지면 언제든 쉽게 구독을 취소할 수 있다. 이처럼 자신의 선택을 가볍게 취소할 수 있는 임시 구매 상태는 선택의 부담과 책임을 최소화한다. 불확실한 미래를 앞둔 MZ 세대들에게 구독은 가장 좋은 선택일지 모른다.

하지만 구독은 내가 선택한 것에 대해 통제가 불가능하다. 구독은 나만의 것이 아니므로 사용하지 않아도 정기적으로 요금을 내야 하고, 필요하지 않은 서비스에 계속해서 돈을 내야 할 수도 있다. 직장이 있는 2030 세대가 아직도 독립하지 않고 부모님과 함께 살고 있다면 부모님의 공간을 구독하는 것이다.

부모님의 공간에서 나만의 이야기, 나만의 미래를 만들어가기는 어렵다. 부모님의 집에서 벗어나 나만의 공간을 구하고 그곳에서 나의 이야기를 만들어가야 한다. 아르바이트도 하고, 좋은 사람과 나쁜 사람들도 만나고, 취직하고, 해고당하기도 하면서 스스로 성장시켜 나가기 위해서는 가장 먼저 자신만의 작업실이 필요하다. 그 작업실은 그저 주어지는 것이 아니라 시간과 내 삶의 변화와 함께 만들어가야 하는 공간이다. 이 공간이 반드시 화려하고 커야만 할 이유는 없다. 나에게 에너지를 줄 수 있고, 내가 부담 없이 통제할 수 있을 정도면 충분하다. 내가 만들고 싶은 이야기의 크기와 종류에 따라 공간은 얼마든지 변형할 수 있어야 하기 때문이다.

나는 다행히도 비교적 일찍 나만의 공간을 가지게 되었다. 부모님 형편이 넉넉하지 않아 어쩔 수 없는 독립이었지만, 공간은 나에게 가장 소중한 경험과 기회를 가져다주었다.

대학을 졸업하면 당연히 좋은 직장에 취직해서 화려한

인생이 펼쳐질 줄만 알았던 기대는 완전 개꿈이었다. 취업의 문은 생각보다 높았다. 입사지원서에 답신 없는 날이 계속되면서 마음은 점점 더 조급해졌다. 힘든 형편에 대학교 등록금을 부담하시느라 밤낮없이 일하신 부모님께 빈둥거리는 모습을 보여 드리는 것 같아 낮에는 도서관에서 살았다. 나는 취업을 위한 변변한 자격증도, 해외 연수도, 사회봉사 증명서도 없었다. 더 좋은 직장에 취업하기 위해 좀 더 부모님께 의지하면서 공부를 더 하고 싶었지만, 새벽같이 출근하시는 아버지의 뒷모습을 보고 욕심을 접었다.

세상 물정을 전혀 몰랐던 때라 독서실 비용 정도면 월세를 얻을 거라 계산했다. 부동산에 들러 월세 5만 원짜리를 구한다고 말하자 미친놈 소리가 돌아왔다. 하지만 나에게 다른 선택지는 없었다.

그렇게 몇 달 동안 발품을 팔았더니, 내가 독립할 수 있는 아주 저렴한 공간을 찾을 수 있었다. 보증금 100만 원에 월세 15만 원인 반지하 빌라를 보자마자 계약했다. 왜 이리 월세가 저렴한지는 이사 첫날 바로 알게 되었다. 반지하라서 습기가 어느 정도는 있다고 생각했지만, 상상이상이었다. 장판을 뒤집어 보니 바닥에 물이 흥건했다. 부모님과 함께 살 때는 집에 대한 고민을 전혀 하지 않았다. 집에 물이 새는지, 온돌 배관이 녹슬었는지 전혀 고민할 필요가 없었다. 독립한 이후에는 스스로 공간에 대한 모든 것을 책임지고 처리해야 했다. 방바닥에 물이 흐르는 집에서 살 수는 없었다. 나만의 공간에서 자유를 만끽하며 자격증 취득 공부와 취업 준비를 하겠다는 아름다운 상상은 하루 만에 산산이 깨졌다.

집주인은 이 문제를 해결할 의지도 능력도 없었다. 동네 설비 아저씨에게 들은 말은 바닥 전체를 뜯어내고 누수공사를 해야 한다는 것이었다. 나는 도서관에서 취업 공부 대신 바닥 누수 관련한 책들을 찾아보고 대처 방법들을 연구했다. '집수정'이라는 방법이 있었다.

물은 낮은 곳으로 흘러들기 때문에 주변에 물길이 나 있다면 바닥보다 낮은 지하실로 모여들 수 있다. 그럴 때 지하실보다 낮게 집수정을 파면 물이 지하실로 가지 않고 집수정에 모이게 된다. 여기에 수중 모터를 달아서 물이 차면 외부로 물을 뽑아 올리는 방법이다. 집안 공사가 아니고, 작은 우물을 파는 것이기 때문에 설치비용도 많이 들지 않는다.

이런 방법을 주인에게 알리고 설득해 집수정 공사를 했다. 처음 우물을 팠을 때는 모터가 하루 내내 물을 퍼 올릴 정도로 지하실에 물이 차 있었다. 며칠이 지나자 서서히 습기가 없어지기 시작했다. 2주쯤 지나자 방바닥은 완전히 말라 있었다. 정상적인 생활이 가능해지면서 나는 집안 여기저기를 뜯어고쳤다. 환기가 잘되지 않아 환풍기를 설치하고, 깨진 바닥도 시멘트를 사다 발랐다. 집 안은 반지하지만 햇빛도 잘 들었다. 집을 수리하느라 생고생해야 했지만, 그래도 나만의 공간이 생겼다. 그 덕에 나만의 공간에서 자격증을 취득했고, 친구들을 불러 밤새도록 서로의 미래를 응원했다. 나는 취직한 뒤로도 그 집에서 2년이나 편안히 살았다. 나만의 작업실을 꾸미고 그 속에서 나만의 이야기를 만들었다.

나만의 공간 한가운데에 책상을 놓았다. 거기서 커피도 마시고 책도 읽었다. 자연스럽게 내 삶을 고민하게 되었다. 고민은 내가 가난하다는 현실을 일깨웠다. 그 당시 가난에서 조금이나마 벗어나는 길은 자격증을 취득해 나의 몸값을 높이는 것이었다. 아마도 나만의 공간이 없었다면 IT-보안, 프로젝트 매니지먼트 관련 자격증 취득은 엄두도 못 냈을 것이다. 마침내 자격증을 취득하면서 관련 서적도 많이 읽게 되었다.

그때의 노력으로 성과를 낸 것도 있었고 그렇지 않은 부분도 있었지만, 분명한 것은 그때 그 공간에서 온전히 나 자신에게 미칠 수 있었다는 사실이다. 내가 나를 책임져야 했기 때문에 자격증 공부를 하더라도 부모님 집에서 하던 때와는 공부의 자세부터 달랐다.

공간과 함께 나만의 이야기가 만들어지는 것이지, 내가 승리했을 때만이 얻을 수 있는 트로피와 같은 공간은 존재하지 않는다. 캥거루족들이 독립하지 못하는 이유는 공간을 성공한 이후의 트로피 정도로 생각하기 때문은 아닐까?

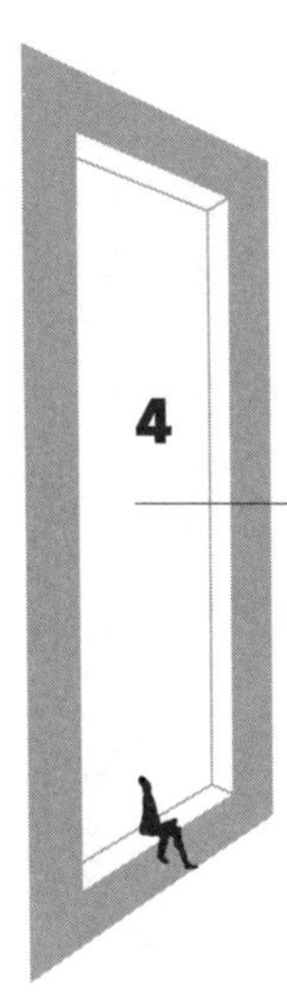

4 집은 거주 공간인가? 소유 공간인가?

중학교 시절, 아버지와 나는 당인리 발전소 옆 다가구 주택에서 월세 세입자로 살았다. 네 가구가 한 지붕 아래 함께 지내던 그곳은 여름이면 물난리로 몸살을 앓는 동네였다. 장마철만 되면 동네 전체가 물에 잠기고, 주민들은 서둘러 서강초등학교로 피신했다. 빈집이 된 틈을 타 좀도둑들은 스티로폼을 타고 다니며 빈집털이를 했고, 우리는 그런 광경을 속수무책으로 지켜보며 물이 빠지기만을 기다릴 수밖에 없었다.

아버지는 나를 고등학교에 보내며 망원동 난지도 옆으

로 이사를 결심하셨다. 하지만 그곳도 완벽한 안식처는 아니었다. 햇볕 한 점 들지 않는 북향집은 항상 눅눅했고, 벽에 들러붙는 곰팡이와 싸워야 했다. 그 집은 우리 가족의 쉼터라기보다는 겨우 머무르는 공간에 불과했다. 아버지의 공간은 언제나 불안정했고, 올라가는 월세는 늘 우리를 짓눌렀다. 신촌교통 141번 버스 운전기사였던 아버지는 매일같이 운전대를 잡으셨지만, 생활은 나아질 기미를 보이지 않았다.

어렸을 때라 월세살이의 서글픔을 익히 알지는 못했어도, 생활이 자유롭지 못하고 항상 누군가에게 구속받는 느낌이었다. 삶의 중심이 되어야 할 공간이 내 것이 아니라면, 우리는 언제나 누군가의 결정에 의존할 수밖에 없다. 임대료 인상, 계약 해지, 주거 환경의 변화는 우리의 의지와 무관하게 우리의 일상을 좌우한다.

하루는 집 안 어딘가 누전이 되어 차단기가 내려갔다. 냉장고, TV를 콘센트에서 분리해도 전기가 들어오지 않았다. 급히 집주인을 찾았으나 연락이 닿지 않았다. 그렇게 정전 상태로 이틀을 보내다 더는 버틸 수 없어 동네 전파사 아저씨를 불렀다. 매립된 전선에서 누전이 된 것 같다며 벽을 파내고 배선을 다시 하거나, 돈을 적게 들이려면 전선을 외부로 돌리는 수밖에 없다고 하셨다. 이 또한 우리 가족의 권한 밖이었다. 30만 원을 들여 완벽히 고칠 것인지, 15만 원을 들여 대충 임시로 전기를 끌어 쓸 것인지를 우리는 결정하지 못했다.

유럽여행에서 돌아온 주인집 아저씨는 그로부터 2주일 후 연락이 되었다. 그분은 정말 논리적이고 합리적인 분이셨다. 본인은 누전에 대한 수리를 매립식으로 했는데, 우리가 우리 마음대로 임시로 수리했으니 본인의 결정이 아니다. 그러니 수리비는 세입자가 부담하는 것으로 한다. 끝. 그래서 우리 가족은 그 집에서 이사 가는 날까지 천정에 얽기 설기 엮어 놓은 전선에 빨래도 널어놓는 지혜를 발휘하며 생활했다. 그 후로도 우리 가족은 계속 월세를 전전했고, 학창시절 내 삶에 대한 통제권은 전적으로 집주인에게 있었다.

경제학자 프리드리히 하이에크(Friedrich Hayek, 1899~1992)는 그의 저서 《노예의 길》에서 자유란 무엇보다도 개인의 경제적 독립에서 비롯된다고 강조했다. 그는 "소유의 부재는 필연적으로 의존을 초래하며, 이는 개인의 자유를 근본적으로 훼손한다"고 경고했다. 소유권은 단순히 물질적인 재산의 문제가 아니라, 개인이 스스로 삶을 설계할 수 있는 권리와 관련된 문제다.

아버지가 월세를 감당하느라 고단하신 모습을 보며 깨달았다. 진정한 자유는 자신의 공간을 스스로 소유할 때 시작된다는 것을. 아버지는 항상 월급의 일정 부분을 월세를 충당하는 데 사용하셨다. 월세는 언제나 급여보다 더 빠르게 올랐다. 나의 학비와 물가도 아버지가 감당하기에는 버거우셨을 것이다. 그럴 때마다 아버지는 더 많이 더 열심히 일하면 된다고 생각하셨다. 하지만 아버지가 치른 처절한 생존 경주는 언제나 물가의 승리로 끝을 맺었다.

우리 가족이 월세를 살면서 거쳐왔던 지역들이 지금은 놀랍게 변해 있다. 우리 집 자리에 월드컵경기장이 들어섰으며, 어릴 적 물난리를 겪으며 살던 당인리 발전소 근처 동네엔 20억 원이 넘는 래미안 밤섬 아파트가 위풍당당하게 서 있다. 이곳에 물난리로 함께 고생했던 집주인들이 살고 있다. 같은 공간에서 함께 고생하며 살았어도 시간은 집주인의 편이었다. 그때로부터 20년이 지난 후

시간은 그들에게 경제적 자유라는 선물을 안겨주었다. 그들은 이제 쾌적한 공간에서 생활하며 사용료를 걱정하지 않는다. 반면에 세입자였던 아버지에게 시간은 언제나 사용료를 요구했다. 아버지는 그 사용료를 지불하기 위해 그의 삶 전체를 힘든 노동에 시달리며 살아오셨다.

나는 대학을 졸업하면서 아버지로부터 독립할 수밖에 없었다. 아버지의 공간 속에서 내 공간을 확보할 자리가 없었다. 직장에 다니자마자 급여 전체를 이자 갚는데 넣어도 모자랄 정도로 대출을 받아 작은 빌라를 소유한 것도 자유 때문이었다. 그것이 자유였는지는 몇 년이 지나서야 깨달았지만, 그 당시에는 집주인으로부터 자유를 찾고 싶었다. 집주인이 내 인생을 통제하고, 나를 노예로 만드는 것을 그저 바라만 볼 수 없었다.

내가 결정하고, 내가 변화시킬 수 있는 공간을 소유하는 것. 이것이야말로 삶의 주도권을 가져다준다. 경제적 독립은 단순히 숫자의 문제가 아니라, 그로 인해 얻는 선택의 자유, 안정감, 자기만의 삶을 계획할 수 있는 기반을 뜻한다.

집을 소유하는 것은 그 자체로 자기 삶에 대한 선언이

다. 그것은 더이상 누군가의 통제를 받지 않겠다는 의지이며, 나의 노력의 결실을 나를 위해 쌓아가겠다는 다짐이다. 공간을 소유한다는 것은 단순히 '집'을 가지는 것이 아니라, 자신의 삶과 자유를 지키기 위한 가장 중요한 선택이다.

아직도 많은 젊은 후배들이 혼동하고 있다. '집은 거주하는 공간인가, 소유하는 공간인가'를. 월세로 살아가며 누군가를 부유하게 만드는 대신에, 왜 스스로 자유와 미래를 위한 투자를 선택하지 않는가? 작은 공간이어도 시작은 가능하다. 공간을 소유하는 것이 곧 자유를 소유하는 것이다. 공간을 사용하고 내주는 월세는 내 주머니에서 비용으로 영원히 사라지는 돈이지만, 그 공간을 소유하기 위해 지출한 대출 이자는 경제적 자유를 위한 투자 수익으로 작용한다.

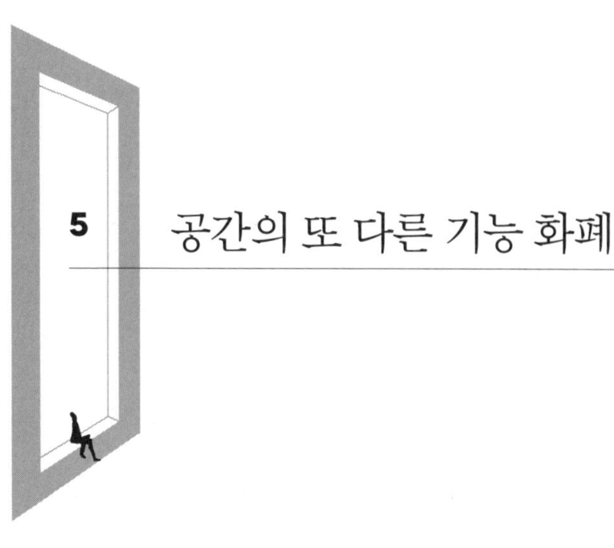

5 공간의 또 다른 기능 화폐

공간의 많은 기능 중 공간이 화폐의 역할도 한다는 사실을 깨닫는 순간, 세상은 완전히 다른 모습으로 우리에게 나타난다. 공간은 화폐적 기능을 완벽히 소화해낸다.

화폐는 교환기능과 함께 가치저장의 기능이 있다. 우리의 주거 공간은 가치의 교환과 저장기능을 훌륭히 해낸다. 특히 가치를 저장하는 기능은 현금보다 훌륭하다.

매년 물가는 지속적으로 오른다. 원인은 정부가 매년 화폐를 발행하기 때문이다. 10년 전 자장면 가격이 4,500원에서 2025년 현재 평균 가격이 7,000원이 된 원인이다.

2015년 우리나라 전체 통화량은 약 2천2백조 정도였다. 2025년 현재 국내 총통화량은 4천1백조로 10년 전보다 89.8% 증가했다.

시중에 통화량이 증가한다는 것은 현금 가치가 하락한다는 것을 의미한다. 하지만 주거 공간은 그 가치를 보전한다. 10년 전에 1억 원으로 아파트 한 채를 구매할 수 있었다면, 현재는 쉽게 물가 관점에서만 예를 들어 보자.

10년 전 철수와 영희가 똑같이 1억 원을 가지고 있었다. 철수는 그 1억 원을 가지고 목동 아파트를 구매했다. 영희는 1억 원을 아파트 구매에 쓰지 않고 예금통장에 그대로 둔 채 10년을 보냈다.

현금 가치만으로 따진다면 10년 전 철수의 아파트는 1억 원의 가치 그대로다. 하지만 영희의 1억 원의 가치는 하락했다. 정부에서 화폐를 계속해서 찍어냈기 때문이다. 10년 전 영희의 화폐는 총통화량 2천2백조에서 1억 원의 가치를 가지고 있다면, 2025년 현재는 총통화량 4천1백조에서 1억 원의 가치를 갖는다. 따라서 10년 전 현금 1억 원의 가치는 현재 절반의 가치로 떨어진 것이다.

우리는 이런 화폐의 가치를 현금 구매력이라고 한다.

2025년 현재에는 영희의 1억 원으로 철수의 아파트를 구매할 수 없다. 화폐가치가 절반으로 떨어졌다면 이제 1억 원의 두 배인 2억 원이 있어야 철수의 아파트를 구매할 수 있다. 이런 자본시장적 특성 때문에 우리는 현금을 보유하기보다는 실물자산인 주택 등 공간을 보유하면서 자신의 화폐가치를 유지하는 것이 유리하다.

우리가 알고 있는 화폐가 진정한 화폐가 아닌 것이 된 이유는 1971년 8월 15일 닉슨 대통령이 금본위제를 철폐한 이후부터다. 그전까지 화폐는 금을 교환할 수 있는 증서 역할을 했다. 옛날에는 금이 돈의 역할을 했다. 금은 시간이 지나도 가치가 변하지 않으며, 휴대하기 좋고, 희소성이 있고, 분할 하기에도 편리해서 가치의 척도로, 진정한 화폐로 오랫동안 인류가 사용해왔다. 당시 종이 화폐를 은행에 제시하며 금을 내어 달라고 하면 은행은 화폐에 적혀 있는 만큼 금을 내주었다. 하지만 닉슨의 금본위제 철폐 (닉슨독트린) 이후 화폐를 은행에 제시해도 금으로 바꿔 주지 않게 되었다.

닉슨 대통령이 '금태환'을 포기하게 된 이유는 미국이 전 세계를 상대로 사기를 쳤기 때문이다. 제1차 세계대전과 2차 세계대전에서 미국은 유럽에 무기를 팔아 엄청난 양의 금을 확보했다. 프랑스를 비롯한 유럽의 거의 모든 금이 무기 구매를 위해 미국으로 흘러들었다. 당시 모든 화폐는 금본위였기 때문에 금이 바닥난 유럽은 화폐를 발행할 수 없었다.

1944년 전쟁이 끝날 무렵 유럽 각국의 대표들은 미국의 작은 마을 브레튼우즈에 모여 미국 달러를 전 세계의 기축통화로 정하고 미국 달러를 기준으로 금을 바꿔 주기로 정했다. 그리고 다른 나라 화폐는 미국 달러와 환율을 적용해 사용하기로 했다. 브레튼우즈 협정을 통해 세계의 모든 화폐는 달러를 통해서 금으로 교환할 수 있게 되었다. 이때 처음 환율이라는 개념도 생겨났다. 당시에는 환율이 고정되어 있었다. 기축통화인 달러는 금으로 보증하고, 다른 나라 화폐는 달러와의 교환이 가능해짐에 따라 금의 교환을 보증할 수 있었다.

미국의 달러 사기는 베트남전을 벌이면서부터 시작되었다. 미국이 베트남 전쟁(1965~1975)에 투입한 총비용은 약 1,680억 달러로 추산된다. 이는 당시 기준이며, 2023년 달러 가치로 환산하면 약 1조 달러(1,000조 원 이상) 이상에 해당하는 거액이다. 이때 미국은 보유한 금보다 더 많은 달러를 찍어냈다. 즉 담보된 금의 양보다 더 많은 달러를 찍어내 화폐 사기를 친 것이다. 미국이 찍어낸 달러만큼 더이상 금을 보유하고 있지 않다는 것을 눈치챈 프랑스의 드골 대통령은 미국에 달러를 보내고 그 금액에 해당하는 금을 달라고 요청했다. 프랑스를 시작으로 영국과 이탈리아 등 모든 나라에서 미국에 달러를 보내고 금을 인출하려고 했다. 미국을 상대로 뱅크런이 일어난 것이다. 닉슨 대통령은 이대로라면 미국이 보유한 금이 모두 인출되고도 모자라 파산을 맞이할 것을 예측했다. 닉슨 대통령은 더이상 달러를 금으로 바꿔 주지 않겠다는 내용의 닉슨독트린을 세계를 향해 발표했다. 이때부터 금본위 화폐제도가 사라지면서 각국 정부는 금이 없어도 마음대로 돈을 찍어낼 수 있게 되었다.

각국 정부는 경기가 침체됐을 때 또는 국가에 위기가 닥쳐올 때마다 천문학적인 돈을 찍어내어 경제를 회생시키는 도구로 사용했다. 특히 코로나 위기 때 우리나라는 2020년 한 해 동안 광의 통화(M2)가 약 261조 원이나 증가했다. 이 금액은 역사상 최대치의 화폐를 1년 동안 찍어냈다는 의미이다.

이런 폭발적인 화폐량 증가는 필연적으로 돈의 가치를 떨어뜨려 인플레이션을 몰고 온다. 인플레이션 상황에서는 가만히 있어도 득을 보는 사람과 손해 보는 사람이 생겨난다.

기존에 은행에서 돈을 빌린 채무자는 이득을 보게 된다. 과거에 1억 원을 빌렸다면, 인플레이션으로 인해 1억 원의 가치가 떨어져 상환할 때의 1억 원은 과거의 1억 원보다 훨씬 가치가 떨어졌을 것이기 때문이다. 반대로 저축했던 사람은 손해다. 통장에 입금할 때의 1억 원의 구매력은 인플레이션으로 인해 숫자는 똑같아 보이지만, 훨씬 더 낮아진 구매력을 갖게 된다. 상대적으로 화폐가치가 떨어진 시기에 대출을 받아 실물자산인 집에 투자했다면 1타 쌍피인 셈이다. 인플레이션 시기를 지나면서 실물자산인 부동산 가격은 오르고, 대출받은 돈의 가치는 떨어지기 때문이다. 즉 인플레이션이 크면 클수록 실물자산은 더 크게 오르고, 화폐의 구매력은 더 크게 떨어진다.

이런 이유로 직장인이 아무리 열심히 저축해서 돈을 모

아도 그 돈으로는 집값을 따라가지 못한다. 우리가 급여를 받아 한 푼 두 푼 아끼고 저축하는 그 돈은 사실 가짜 돈인 셈이다. 내 지갑에 들어 있는 1만 원권의 구매력은 1만 원이 아니기 때문이다. 10년 전 1만 원으로 짜장면 두 그릇을 사 먹고도 2천 원이 남았다만, 지금은 같은 1만 원으로 짜장면 한 그릇을 사 먹을 수 있고, 3천 원 정도를 거슬러 받는다. 구매력이 절반 가까이 떨어진 것이다.

그렇게 보면 공간의 가치는 10년 전이나 변함이 없지만, 그 공간의 가격은 화폐가치의 하락만큼이나 올라간 것이다. 사람들은 정부가 화폐를 찍어낼수록 자신들이 저축한 돈의 구매력이 떨어진다는 사실을 알고 있다. 이제 사람들은 시간이 지나도 구매력이 떨어지지 않고, 그 가치를 그대로 유지하는 진정한 화폐를 찾고 있다.

화폐의 기능은 첫째 지불수단의 역할로, 교환의 매개수단을 제공한다. 두 번째로 상품이나 서비스의 가치를 측정하고 비교하는 기준, 즉 가치척도의 기능을 제공한다. 셋째 가치의 저장 수단 기능을 한다. 화폐는 재화를 저장하거나 미래의 소비를 위해 사용할 수 있다. 즉 시간이 지나더라도 구매력을 보존할 수 있는 수단을 제공한다는 뜻이다.

이 세 가지 화폐의 기능 모두를 우리는 공간에서 찾아볼 수 있다. 사실 아파트와 아파트를 서로 교환하는 일은 흔치 않다. 그러나 우리는 집 담보 대출을 통해 얼마든지 공간의 가치만큼 다른 것과 교환할 수 있다. 두 번째 가치의 척도 면에서도 아파트와 공간은 명확한 기준 역할을 한다. 나라별 주택가격지수는 자산 가격을 기준으로 사용된다. 주택가격은 물가 수준을 비교할 때 중요한 요소로 사용된다. 무엇보다 주택은 가치의 저장 수단으로 많은 사람들이 이용하고 있다. 주택의 가치는 시간이 오래 지나도 변하지 않는다. 주택이 가치를 저장할 수 있는 본질적인 이유는 주택이 가지고 있는 토지 때문이다. 토지는 사라지거나, 쇠퇴하거나, 변하지 않는 완벽한 가치저장 수단이다.

실물자산인 집은 거주 공간의 역할과 자산 가치 보전의 역할까지 완벽한 기능을 탑재하고 있다. 그러므로 주택으로서의 공간은 화폐 기능을 완벽히 수행한다.

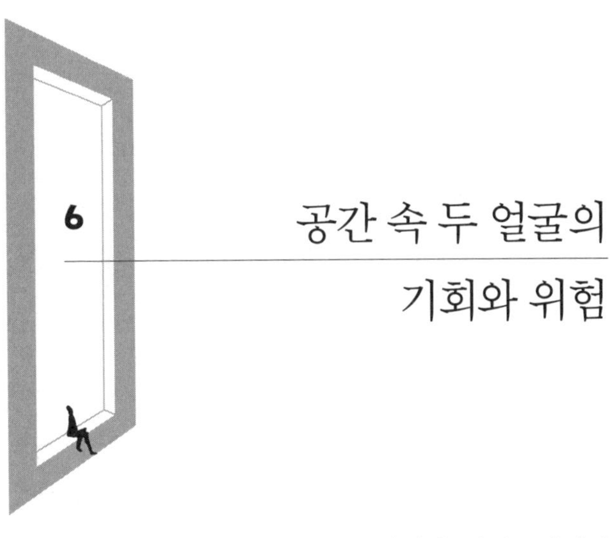

6 공간 속 두 얼굴의 기회와 위험

내가 처음 그녀를 만난 공간은 교회였다. 장대높이뛰기 할 만큼 천정이 아주 높고, 격조 높은 오래된 교회에서 간식을 준다기에 따라나섰다. 그 공간은 나에게 평생의 인연을 선사했다. 그녀에게 믿음 있는 행동을 하지 않으면 곧바로 지옥에 떨어뜨릴 것만 같은 그 공간에서 우리는 자주 만났다. 그때의 공간이 만들어 준 기회 덕분에 우리는 결혼이라는 삶의 장을 열 수 있었다.

공간은 우리에게 다양한 기회를 제공한다. 클래식 음악이 흐르는 따스한 카페에서 인생을 송두리째 변화시킬 사람을 우연히 만나기도 한다. 전통 있는 학교의 오래된 강의실에서 학생은 세상을 변화시킬 꿈과 기회를 만들어간다. 공간은 단순한 강의실을 넘어, 학생들의 상상력과 열정이 싹트는 무대가 된다. 집, 학교, 직장, 카페, 도서관, 공원—모든 공간은 우리에게 무언가를 가져다줄 가능성을 품고 있다. 우리가 공간 속에서 누군가를 만나고, 새로운 아이디어를 떠올리고, 큰 결정을 내리는 순간들은 공간이 주는 기회이다.

우리는 단순히 공간의 수혜자에 머물지 않는다. 우리는 성장하면서 공간을 선택하고, 공간을 트랜스포밍 하며, 그 속에서 기회를 창조한다. 내가 어떤 공간에 머무르는지, 그 공간을 어떻게 활용하는가에 따라 내가 만들어가는 기회의 질과 양이 결정된다.

우리는 어른이 되고 삶을 지속적으로 발전시키면서 더 크고 더 좋은 공간을 가지게 된다. 어린 시절에는 부모가 마련한 공간에서 출발했지만, 시간이 지나면서 독립적인 공간을 만들어간다. 작은 원룸에서 시작한 삶이라도 노력과 기회를 통해 우리는 더 넓고 더 나은 공간으로 확장해 나간다. 이는 단순히 물리적 확장이 아니라, 우리의 삶과 꿈이 커나가는 과정이다.

지금까지 우리는 공간의 역할과 화폐로서의 기능, 좋은 입지에 위치한 공간에서 살 때 얻어지는 이점 등을 알았다. 그러나 문제는 2030 직장인, 젊은 후배들에게 그곳은 너무 비싸다는 것이다. 한마디로 넘사벽이다.

하지만 자신이 원하는 공간을 소유할 한 가지 방법이 있다. 바로 타이밍을 이용하는 것이다. 부동산 시장을 움직이는 요소에는 수요와 공급, 정부 정책, 환율, 금리, 화폐 증가량, 시장의 심리 등 여러 가지 요소가 있다. 그중에 정부의 의지가 부동산의 하락과 상승에 가장 큰 역할을 한다고 볼 수 있다.

정부는 부동산의 강한 상승도, 강한 하락도 원치 않는다. 물가상승률대로만 부동산 가격이 움직여 주기를 원한다. 부동산 시장이 큰 폭으로 상승하면 정부는 여러 가지 부동산 억제 정책을 써서 시장을 차갑게 만든다. 반대로 부동산 시장이 큰 폭으로 하락하면 정부는 금리를 인하하고, 세율을 낮추는 등 부동산 시장 활성화를 위한 정책을 시행한다. 대표적으로 박근혜 정부에서는 죽어 있는 부동산을 살리기 위해 주택 매매 활성화 정책을 대대적으로 펼쳤다. 당시 최경환 총리가 직접 매스컴에 나서서 '빚내서 집 사세요'라고 할 정도였다. 반대로 문재인 정부는 펄펄 끓는 부동산 시장을 식히기 위해 무려 23차례나 부동산 규제정책을 쏟아부었다.

이렇듯 정부는 언제나 부동산 시장에서 상승과 하락이 반복되는 현상을 만들어 낸다. 그러기 때문에 2030 후배들은 부동산이 상승할 때는 열심히 돈을 모으고 공부하면서 자신에게 맞는 공간이 무엇인지 연구해야 한다.

직장인이 한정된 자본에서 그나마 입지 좋은 나만의 작은 공간을 확보하기 위해서는 시장이 주는 기회를 이용하는 것 외에는 방법이 없다.

경제학자 토마 피케티(Thomas Piketty)는 《21세기 자본론》을 통해 18세기 후반부터 21세기 초반(약 250년간)의 자본 축적과 변화를 분석했다. 그가 분석한 시간에 따른 자본 흐름 그래프를 보면, 자본 시장은 언제나 가격의 하락과 상승을 번갈아 교차하며 늘 전 저점을 높여간다는 사실을 알 수 있다.

2030 직장인들은 돈보다 시간을 더 많이 가지고 있다. 그 시간 동안 시장을 공부하고 모니터링하면서, 시장이 자신의 자산 수준에 맞는 공간을 구매할 기회를 줄 때까

지 기다리는 것이 가장 현실성 있는 방법이다.

직장인에게 최고의 무기는 시간과 대출이다. 나는 2015년에 아무것도 모르는 상태에서 빌라를 샀다. 그 당시 아내와 함께 모은 돈은 합쳐봐야 1억 원이 되지 않았다. 집을 사기에는 돈이 너무 적었고, 전세를 살기에는 조금 아까운 돈이었다. 3년 동안 서울 내의 집을 알아보았지만, 턱없이 부족한 돈에 절망하던 즈음, 당시 박근혜 정부는 부동산 담보 대출 이자율을 2%까지 낮춰주고, 대출 조건도 파격적으로 제공해주었다. 나는 직장인 대출을 최대한 활용해서 서울에서도 집값이 저렴한 노원에 작은 아파트를 매수할 수 있었다. 시장이 만들어준 부동산 하락의 기회와 정부가 지원해준 대출 혜택 등을 충분히 활용했기에 내 집 마련이 가능했다.

작은 공간도 삶에 기회를 주지만, 공간을 새롭게 소유하고 확대하기 위해서는 역시 시장이 주는 기회가 필요하다. 넓고 마음에 드는 공간을 마련하기 위해서는 오랫동안 시장의 흐름을 지켜보면서 기회가 올 때까지 기다려야 한다. 다들 알고 있겠지만, 우리가 원하는 공간은 누구나 원하는 공간이다. 하지만 자신의 자본은 한정되어 있다. 시장에 형성된 가격의 공간을 내가 원한다고 해서 마음대로 사용하거나 소유할 수 없다. 하지만 기회는 있다. 바로 시장이 주는 기회이다. 시장은 언제나 상승과 하락을 반복하는데 변덕스러운 시장이 기회를 가져다준다. 성장하는 사람은 누구나 기존의 공간을 내보내고, 새로운 공간을 소유하기를 반복한다. 어쩌면 그것이 성장의 본질일 수도 있다. 공간을 반복적으로 교환하는 시점에서 시장의 사이클과 반대의 결정을 한다면 큰 낭패를 볼 수 있다.

공간은 경제적 선택과 밀접하게 연결되어 있다. 부동산 시장은 우리가 원하는 공간을 얻을 기회를 제공하기도 하고, 이를 막기도 한다. 하지만 시장의 변동성은 또 다른 기회를 열어준다. 시장이 폭락했을 때, 내가 오래 꿈꿔왔던 넓은 공간을 기존의 시장가보다 훨씬 낮은 가격에 손에 넣을 수 있었던 것처럼 말이다. 이를 위해서는 시장을 이해하고 기회를 포착할 준비가 되어 있어야 한다. 부동산 시장에서 상승과 하락의 주기를 읽는 것은 공간을 소유하고 운영하는 데 중요한 열쇠이다.

우리의 삶에서 공간은 그 무엇보다 중요한 기회이고 기

반이다. 공간은 시장의 변화에 따라 나에게 기회를 주기도 하고, 모든 걸 송두리째 빼앗아갈 수도 있다. 공간을 소유하고 있다면, 공간을 소유할 계획이라면 절대 시장을 떠나지 말고 시장을 늘 살펴보고 있어야 한다. 공간도 시장도 우리를 배신한 적이 없다. 다만 우리가 반대로 행동했을 뿐이다.

——— 왜 아파트여야만 하는가?

아파트를 매수한 친구에게 축하한다고 말해 주면 늘 돌아오는 답변이 있다. "절반은 은행 재산이야." 이는 아파트를 담보로 은행 대출을 받아 매수했다는 뜻이다. 영끌(영혼까지 끌어모아 투자) 했다면 대출 이자 때문에 생활비를 아껴야 하고, 당분간 고난의 행군이 시작될 것을 알면서 왜 많은 이들이 아파트라는 공간을 소유하려고 그토록 애쓰는 걸까? 그들이 선택한 것은 왜 빌라도 다가구 주택도 아닌 반드시 아파트여야만 했을까?

| 공간이 가진 무기와 방패의 역할 |

공간은 단순히 물리적인 거주의 기능만 제공하는 것이 아니다. 공간은 소유자의 삶을 성장시키고, 때로는 보호하는 강력한 무기와 안전한 방패의 역할을 해야 한다. 만약 거주만을 위한 공간이라면 주택의 종류는 상관없을지도 모른다. 연세가 지긋하신 어르신들은 마당에 화초를 심고 이웃과 정을 나눌 수 있는 단독 주택을 선호하기도 하고, 옥탑에서 삼겹살을 구워 먹을 수 있는 작은 빌라를 좋아하기도 한다.

하지만 공간이 단순히 거주의 기능을 넘어, 필요할 때 힘이 되어주고 두렵고 불안한 시기를 안전하게 지나도록 보호해주기를 원한다면 공간 선택에 신중해야 한다.

| 유동성: 공간을 현금화하는 힘 |

공간이 나를 위한 강력한 무기가 되기 위해서는 필요할 때 즉시 현금화할 수 있는 유동성을 갖춰야 한다. 대표적으로 아파트, 빌라, 다가구, 오피스텔 등이 있지만, 이 중 아파트는 수요와 공급이 꾸준히 많아 매수와 매도가 용이하다.

아무리 좋은 자산이라도 유동성이 떨어진다면 위험하다. '흑자도산'이라는 말이 있듯이, 가족이 갑자기 큰 병에 걸리거나 긴급히 사업 자금이 필요할 때, 소유 자산을 즉시 현금화할 수 없다면 그 자산은 올바르게 활용되지 못한다. 긴급 상황에서 빌라나 주택을 현금화하는 데에는 무리가 따른다. 가격을 대폭 낮춰 매수자를 구할 수는 있겠지만, 이는 큰 손실을 감수해야 하는 상황이다.

내가 소유한 공간이 삶의 무기이자 안전한 방패로 기능할 수 있다면, 그것이 강력한 자산이 된다. 그래서 공간은 유동성을 갖춘 아파트 같은 자산이어야 하며, 이러한 특성은 현금과 같은 가치를 제공한다.

| 인플레이션 방어: 공간이 가치를 보존하는 능력 |

공간이 삶의 무기가 될 수 있으려면 매년 높아지는 인플레이션 상황에서도 현금 가치를 보존할 수 있어야 한다. 역사적으로 금은 안전자산으로, 인플레이션 방어와 경제 위기에 강한 수단으로 알려져 있다. 금은 희소성과 일정한 공급량 덕분에 화폐의 구매력이 감소해도 본래의 가치를 유지한다.

하지만 금은 현금 흐름을 창출하기 어렵고, 거래 비용이 높은 데다 물리적으로 보관하기에도 까다롭다. 반면에 아파트는 거주 공간의 역할을 하면서도 인플레이션 방어 수단으로 훌륭히 기능한다.

아파트 가격이 상승했다면 아파트의 내재 가치가 올라간 것이 아니라 화폐의 구매력이 감소해 같은 아파트를 구매하기 위한 금액이 더 커졌기 때문이다. 아파트는 시간이 지나고 인플레이션이 심화하더라도 그 가치를 보존한다. 반면, 빌라나 다가구 주택은 시간이 지날수록 가치가 하락하는 경우가 많다. 건물이 노후화되면 벽면 균열, 누수, 전반적인 구조적 손상이 발생하며, 유지 보수나 재건축 비용이 증가하기 때문이다.

| 잘못된 선택이 남기는 상처 ||

아파트는 여러 주택 유형 중 유일하게 화폐의 특성과 가치를 저장하며, 인플레이션 방어 기능을 포함하고 있다. 시간은 모두에게 평등하게 다가오지만, 어떤 공간을 소유하는가에 따라 그 시간은 유리하게, 때로는 불리하게 작용할 수도 있다. 내가 통제할 수 있고, 그 가치를 측정할 수 있는 공간을 소유한다면 알 수 없는 미래를 헤쳐 나가는 데 강력한 무기가 될 수 있다.

아파트는 단순히 거주를 위한 공간이 아니라, 우리 삶의 중요한 동반자이자 미래를 대비하는 강력한 자산임을 잊지 말아야 한다.

—— 그럼에도 빌라에 살아야 한다면

공간 중에도 어느 공간을 소유해야 할까? 빌라와 아파트를 비교한다면 당연히 아파트이다. 1000채가 넘는 집을 보유했다가 전세 사기를 저지른 '빌라왕' 사건이 아직도 많은 젊은 후배들에게 상처로 남아있다. 2030 사회 초년생이 어렵사리 마련한 자기만의 최초의 공간, 공간 활용을 위해 지불했던 빌라 보증금을 모두 떼인 사건이다.

빌라는 아파트를 대체하기에는 여러모로 부족한 점이 많다. 빌라주차장은 좁은 경우가 많아 출퇴근 시간엔 입주민들 간에 신경이 날카로워진다. 더욱이 아파트에 비하면 자산 가치 상승도 뜨뜻미지근하고 오히려 하락한다. 오래된 빌라는 엘리베이터가 없어 어르신들에겐 여간 불편한 게 아니다. 청소부터 보안 문제까지 뭐 하나 썩 마음에 드는 부분이 없다.

그럼에도 집값이라는 현실적 문제를 고려하지 않을 수 없다. 아파트와 빌라의 가격 차이는 현격하다. 예를 들어 마포래미안푸르지오 25평 매매가는 19억 원 정도지만, 그 아파트 바로 앞 빌라는 4억 원대이다. 언제나 매스컴에서는 신축아파트에 대한 소식뿐이다. 래미안 원베일리 국민 평형(84type)이 54억9천만 원이란 말을 쉽게 하는 사람들도 있다. 2030 직장인들 입장에서는 상대적 박탈감과 함께 N포를 강요받기에 충분한 현상이다.

그렇다고 해도 젊은 후배들이 좌절 대신 희망을 가졌으면 한다. 처음 나만의 공간으로 출발할 때 빌라가 나쁜 것만은 아니다. 나 역시 자본이 부족하던 시절에 빌라부터 시작했다. 서른세 살쯤, 1억 원 조금 넘는 금액으로 아파트는 언감생심이었던지라, 대신에 천호동에 작은 빌라를 마련할 수 있었다. 방 두 칸의 작은 빌라였지만 아내와 내가 생활하기엔 불편함이 없었다. 당시 아내는 보습학원 강사였고, 나 역시 정신없이 직장생활에 올인하던 터라,

집에서는 거의 잠만 자는 정도였다. 작은 빌라여서 대출이 없었고, 두 사람이 최대한 아끼고 모아 3년 후에는 아파트에 입성할 수 있었다. 당시 빌라 매매 가격도 조금씩은 올라주었고, 대출도 많이 나온 덕분에 빠르게 아파트를 살 수 있었다.

빌라는 아파트의 대안 역할을 한다. 아파트 가격에 비하면 빌라 가격이 월등히 저렴하다는 점이 가장 큰 장점이다. 빌라왕 사건 이후로 빌라에 대한 수요는 더 많이 줄어들었다. 지금 빌라를 사라고 말하면 당연히 "빌라 사면 망한다던데"라는 반응이 돌아온다. 빌라에 대한 이미지가 안 좋은 것이 사실이고, 자산 가치의 상승도 아파트에 비하면 미미한 수준이라 빌라를 권유할 수는 없다.

하지만 현실적인 다른 대안이 없다면? 서울의 국민 평형 아파트 84㎡(약 25평형)의 평균값은 9억 원대이다. 직장생활을 시작한 지 10년 안쪽이 되는 2030 후배들에게 9억 원이란 돈은 비현실적일 수 있다. 이렇다 보니 빌라를 고려하지 않을 수 없다. 빌라를 산다고 해서 무조건 손해를 보는 것은 아니다. 핵심은 '어떤 빌라를 어디에 사느냐'에 달려 있다.

이왕 빌라를 선택할 수밖에 없다면 아파트와는 달리 몇 가지 꼭 체크해야 할 사항이 있다.

첫째, 빌라를 고를 때는 위치가 가장 중요하다. 도심과의 접근성이 좋고, 주변에 학교나 공원이 있는 곳을 선택해야 한다. 아이가 있는 가정이라면 학군이 좋은 지역이 이상적이다. 대중교통이 편리하고, 생활 편의 시설이 가까운 곳에 있다면 더할 나위 없이 좋다. 역세권이면서도 지도상 구역이 작아 아파트가 들어서지 못하는 곳이 빌라의 틈새시장일 수 있으며, 초등학교 근처도 주거용 건축물 건축이 까다로워 빌라들이 많이 분포하고 있다.

둘째, 빌라의 층수를 신중히 선택해야 한다. 되도록 빌라의 1층은 사지 않는 것이 좋다. 아파트에 비하면 보안 시설이 매우 취약해서 사람들이 자주 드나드는 1층은 피하는 것이 좋다. 하지만 아이가 여럿인 집이나, 연세 드신 어른을 모시는 가정이라면 오히려 1층이 적정할 수 있다. 반대로, 너무 높은 층도 피하는 것이 좋다. 엘리베이터가 없는 경우가 많아, 연세 드신 분들의 이동에 부담이 되거나, 갓난아이가 있는 집은 유모차를 매일 들고 오르내리는 일이 고역이 될 수 있다. 그렇기에 빌라는 2, 3층이 적당한 층수로 평가된다. 중간 층수가 생활의 편리함과 안전성이 균형을 이루는 위치다. 물론 엘리베이터가 설치된 빌라라면 층수는 무관하다.

셋째, 빌라를 고를 때는 건축 연도를 확인해야 한다. 10년 이상 된 빌라는 내부 설비나 구조에 문제가 많을 수 있다. 이런 경우, 리모델링 비용까지 고려해야 한다. 신축 빌라를 매입하는 데 예산이 맞지 않는다면, 관리 상태가 좋은 빌라를 찾는 것도 방법이다. 건물 외벽과 배관, 그리고 주차 시설까지 꼼꼼히 살펴야 한다. 지금은 슬라브식 건축공법이 폐기되었지만, 80년대에는 빌라를 초스피드로 대충 지어 파는 경우가 있었다. 이런 빌라는 건물 외벽이 벽돌로 되어 있지 않고 대리석 가루로 스프레이 되어 있다. 주먹으로 외벽을 통통 치면 벽이 비어 있다는 것을 알 수 있다. 단열이 안 되고, 견고하지 않기 때문에 늘 누수와 외벽 균열의 문제를 갖고 있다. 이런 오래된 빌라를 잘못 사면 오랫동안 고생할 수 있으니 주의가 필요하다. 최소한 적벽돌로 시공된 빌라를 사는 것이 그나마 견고함을 보증받을 수 있다.

결국, 빌라를 사는 것은 단순한 주거 공간 마련이 아니다. 그것은 자신만의 공간을 저렴한 가격으로 하나씩 구축해 나가는 과정이다. 만약 신중히 선택해 자신의 필요와 예산에 맞는 곳을 찾는다면, 빌라도 얼마든지 마음의 여유와 함께 삶을 풍요롭게 만들어 갈 수 있는 공간이다.

적은 돈을 들여 빌라부터 시작하는 것도 나만의 공간을 구축해가는 좋은 전략이 될 수 있다. 하지만 잊지 말아야 할 것이 있다. 빌라로 자산수익을 낸다는 기대는 하지 말아야 한다. 저렴한 빌라를 사서 나만의 공간에서 마음 편히 미래를 준비하고 저축해 최종적으로는 아파트 입성을 준비해야 한다.

빌라를 매입할 때에는 가능하면 재개발조합이 설립된 빌라에 들어가 거주하는 것이 좋다. 시간을 내 편으로 만드는 유일한 방법이다. 재개발조합 설립 시기는 매우 초기 단계로, 아직 신축으로 지어질 아파트 가격이 선반영되기 이전이다. 아직은 빌라 가격을 저렴하게 구매할 수 있다. 물론 재개발 단계가 앞으로 진행될수록 신축아파트에 대한 프리미엄이 포함되어 빌라 가격은 계속 높아진다. 한 가지 더 신경 쓸 일은 재개발 구역이 모아타운이나 너무 규모가 작은 경우이다. 재개발 구역의 규모가 너무 작으면 재개발 수익성이 낮아 중간에 사업이 어그러질 가능성이 있으니 주의해야 한다.

마지막으로 빌라를 소유하면서 절대 해서는 안 되는 일이 있다. 지역주택조합에 가입하는 일이다. 지역주택조합원이 되는 순간 지옥에 빠질 수 있다. 권상우 아파트로 유명한 성수동 트리마제 아파트는 원래 지역주택조합이 망하고 그 위에 다시 아파트를 지은 케이스이다. 2004년 '성수1지역주택조합'이 설립되어 두산중공업을 시공사로 선정하고 아파트 건설을 추진했으나, 토지 매입 지연과 금융위기 등으로 인해 사업이 장기간 표류했다. 결국 조합은 부도에 이르렀다. 이 과정에서 조합원들은 투자금을 모두 잃고 극단적인 선택까지 한 것으로 알려졌다.

재개발사업은 재개발지역의 토지주들이 모두 동의해야만 사업추진이 가능한 지역주택조합의 특성상 성공확률이 매우 낮다. 그럼에도 재개발정비업체들이 지역주민들을 현혹해 조합원에 가입시키는 일이 비일비재하다. 조합원에 가입한 이상 사업이 망하면 함께 그 손해를 책임져야 하는데, 재개발이라는 말만 믿고 속아 넘어가는 경우가 많이 있다. 절대 주의해야 한다.

재개발사업은 다양한 유형으로 나뉜다. 대표적으로 뉴타운, 신속통합기획, 모아타운이 있다.

뉴타운: 뉴타운은 대규모 재개발사업으로, 도심 주거 환경을 개선하기 위해 정부가 계획한 사업이다. 기존의 낙후된 주거 지역을 철거하고, 새롭게 아파트와 편의 시설을 조성한다. 주민이 조합을 구성해 추진하는 사업이기는 하지만, 구청과 함께 사업을 진행하기 때문에 상대적으로 안전한 사업이다. 도로와 기반시설 등을 구청의 지원을 받아 새로 건설하는 사업이므로, 그 지역 전체가 새롭게 디자인되어 발전 가능성이 높다. 뉴타운 사업은 사업 규모가 크고, 개발 완료 후 지역 가치 상승이 기대되지만, 시간이 오래 걸리고 초기비용 부담이 클 수 있다.

신속통합기획: 신속통합기획은 기존의 재개발 절차를 간소화하여 보다 빠른 진행을 목표로 한다. 이는 최근 재개발 구역에서 많이 사용되는 사업으로, 주민들과의 협의를 통해 초기 단계부터 구체적인 개발 계획을 마련하고, 불필요한 행정 절차를 줄여 사업 속도를 높이는 방식이다. 이 방식은 시간이 단축된다는 장점이 있지만, 초기 계획 단계에서 구청과 조합과의 세부적인 조율이 따른다.

모아타운: 모아타운은 비교적 소규모 지역을 대상으로 한 재개발 방식이다. 대규모 재개발이 어려운 지역이나, 낙후된 작은 주거 단지를 개선하는 데 적합하다. 모아타운은 사업 규모가 작아 상대적으로 리스크가 낮고, 주민들이 쉽게 참여할 수 있지만, 수익성이 낮아 현실적으로는 사업추진이 어렵다. 모아타운에 빌라를 사려고 한다면, 사업이 깊숙이 진행되어 최소한 사업시행계획인가 이후에 매수하는 것이 유리하다.

공간을 소유하고자 할 때 빌라가 최고의 선택은 아니지만, 2030 젊은 후배들에게는 최선의 선택이 될 수도 있다. 공간과 함께 자신의 삶을 성장시키려면 반드시 자기만의 공간을 소유해야 가능하다. 아파트 소유가 부담스럽다면 똑똑한 빌라를 저렴하게 사서 업그레이드해 나가는 방법도 좋다.

7 일본의 잃어버린 30년, 한국과 어떻게 다른가?

2030 직장인에게 공간은 두려움일 수도 있다. 공간 소유에 너무 큰돈이 들기 때문이다. 공간이 상실감으로부터 자신을 보호하고, 삶의 가장 큰 무기가 된다는 것은 다들 알고 있다. 하지만 공간을 소유하려면 1억 원 이상의 돈이 필요하다. 전 재산도 모자라 큰 빚을 내고 공간을 소유하는 일은 또 하나의 도전이다.

공간 소유에 대해 부정적인 사람들의 주장은 두 가지이다. 첫째 우리나라 집값이 너무 비싸다는 것이다. 둘째 언젠가는 부동산 버블이 거품처럼 터져 집값 폭락 사태가

올 거라는 주장이다. 그래서 집을 사는 것은 매우 위험하다는 주장이다. 이런 주장의 근거로 버블 붕괴의 본보기인 '일본의 잃어버린 30년'을 사례로 제시한다. 일본은 우리나라와도 경제 환경이 연결돼 있어 '일본의 잃어버린 30년' 내러티브는 집을 처음 사려는 이들에게 크나큰 공포를 안겨준다.

일본의 거품 경제가 절정에 달했던 1980년대 후반부터 1990년대 초반까지, 도쿄의 특정 지역, 특히 긴자(Ginza)나 니혼바시(Nihonbashi) 같은 주요 상업 지역의 땅값은 세계에서 가장 비쌌다. 1989년 버블 경제가 정점에 이르렀을 때 도쿄 중심가인 긴자의 1평(약 3.3㎡)당 땅값은 최고 1억 5천만 엔에 달했다. 이를 현재 환율(2025년 1월 기준 약 100엔=980원)로 환산하면 약 14억 7천만 원 정도이다. 일본에 무슨 일이 있었기에 토지가 그렇게 거래되었을까? 2030 직장인들이 걱정하듯 우리나라 집값도 일본의 잃어버린 30년의 운명을 따라가고 있는 것인지 원인을 알아보겠다.

1979년 산유국인 이란과 이라크가 전쟁을 벌이자 당시 배럴당 약 13달러였던 유가가 1980년에는 34달러 이상으로 급등했다. 미국의 레이건 대통령은 유가 급등으로 물가가 오르자 기준금리를 폭발적으로 인상해서 물가를 잡으려 했다. 은행 대출 이자가 올라가자 기업은 대출을 상환하고 고용도 축소했다. 개인들도 대출 대신 저축에 열을 올렸다. 시중에 돈이 사라지는 유동성 축소 현상이 일어나 물가는 낮아졌지만, 달러 가치는 상승했다. 달러 가치 상승은 미국제품이 국제시장에서 비싸졌음을 의미한다. 미국 내에서도 값싸고 제품의 질마저 좋은 일본의 자동차와 가전제품이 불티나게 팔렸다. 미국인 누구도 자국 상품을 사지 않았다. 일본과의 무역 불균형은 가속화됐다. 달러가 비싸지고 엔화가 저렴해지는 상황에서 도쿄 쿠키 1박스를 미국에서 1달러에 팔면 일본 돈으로 2엔이 돌아왔다.

미국의 레이건 대통령은 일본의 경제수석들을 미국 플라자 호텔로 불러 인위적으로 달러 가치를 낮추고 엔화 가치를 높이는 데에 합의했다. 이것이 그 유명한 '플라자 합의'이다. 미국 정부가 강제로 환율을 조정한 것이다. 이때까지 일본은 대재앙을 눈치채지 못했다.

플라자 합의 후 엔화는 급상승했다. 1985년 엔화가 1달러당 240엔에서 1달러당 120엔으로 올랐다. 도쿄 쿠키가 1달러당 1개였는데, 쿠키 1개를 2달러에 팔게 된 것이다. 이번엔 엔화 상승으로 일본기업 최대의 수출시장이던 미국에 상품을 판매하기 어려워졌다. 일본 정부는 수출길이 막힌 일본기업을 살리기 위해 재빠르게 내수시장 육성 정책을 내놓았다. 일본 정부는 기준금리를 대폭 인하한 초저금리 정책을 썼다. 기업들이 은행 돈을 초저금리로 대출받아 사업에 재투자하고 고용을 증대하면 내수경제가 선순환할 거라는 의도였다.

그러나 일본 정부의 의도와 달리 기업들은 저렴한 은행 돈으로 재투자하거나 직원을 채용하지 않았으며, 그 돈으로 주식을 사고 부동산을 구매했다. 개인들도 마찬가지로 이자가 0에 가까운 대출을 이용해 부동산과 주식을 샀다. 기업으로 흘러들어온 돈은 매출 증가 없이 기업의 주가만 올리는 현상이 발생했다.

일본경제에 본격적인 거품이 쌓이기 시작했다. 기업가치는 그대로이거나 하락하는 상황에서도 그 기업의 주식값은 천정부지로 올랐다. 개인들도 대출을 받아 아파트를 구매하고, 구매한 아파트를 담보로 또다시 빚을 내 아파트를 추가 매수하는 사태가 벌어졌다. 은행은 부동산의 담보물건만 보고 대출을 실행했다. 당시 세계 50대 기업 중 1위가 일본의 NTT 회사였고, 세계 2위를 비롯해 총 5개의 일본 회사가 세계 10위권 안에 들었다. 그런데 이런 기업들의 은행 대출자금이 부동산 투기와 주식 투기에 쓰였다.

1990년 일본의 부동산 전체 가치는 약 2천조 엔, 미국 땅값의 4배였으며, 일본 황궁이 도쿄에 소유한 땅값은 캘리포니아 전체 땅값보다 비쌌다. 부동산 거품이 최악의 상황으로 치닫자, 광기 어린 투기에서 밀려난 젊은이들과 일반인들은 박탈감을 느꼈다.

집값이 하늘 높은 줄 모르고 상승하다 보니 젊은 층과 서민층은 집을 살 생각조차 할 수 없게 됐다. 집을 포기하는 젊은 층들은 결혼을 미루었고, 이는 출산율 급락으로 이어졌다. 출산율 급락은 다음 세대 없이 기존의 세대들이 그대로 늙어가는 고령화를 만들어 차세대 사회를 이끌어갈 젊은 층이 사라짐을 의미한다.

일본의 젊은 층들은 아무리 열심히 일해도 집을 살 수 없었다. 돈을 벌 수 있는 길도 사라져 젊은 층들은 저축을 포기하고 사치와 유흥, 여행 등 자기만족을 위해 돈을 쓰기 시작했다. 이들은 자신의 미래를 포기하고 현재를 즐기며 도시 외곽의 농가 주택이나 초소형 주택에 스며들었다. 일본의 성장이 멈춘 것이다. 일본 정부는 뒤늦게 사태를 파악하고 초강력 긴급조치를 발표했다. 대출총량제를 도입해 부동산과 기업 대출을 일시에 차단한 것이다. 일본의 금융당국이 각 은행에 대해 부동산 관련 대출 비중을 일정 비율 이하로 강제한 제도가 대출 총량제이다.

그러나 우리나라는 은행에 직접 대출을 규제하는 대신에 LTV, DTI 등 개인의 능력과 담보비율을 제한하는 방법으로 대출을 규제하고 있다.

일본 금융당국이 대출 총량제를 도입함에 따라 금융기관의 대출이 뚝 끊겼다. 일본의 시민들은 더이상 아파트를 사지 않았고, 대출 이자를 감당할 수 없게 된 아파트 소유주들은 일시에 아파트를 매물로 내놓았다. 하지만 매수자가 전혀 없었다. 뒤늦게 매도를 하더라도 이미 너무 많아진 대출금을 상환할 수 없었다. 부동산을 담보로 부동산을 샀던 시민들이 거리로 나앉고 평생 빚만 갚으며 살아가게 되었다. 일본경제의 거품 붕괴는 개인과 기업을 파괴하고 이들에게 돈을 빌려준 은행도 파산하게 했다. 이때부터 일본의 경제가 가라앉기 시작했다.

당시 일본의 버블 붕괴를 온몸으로 겪은 사람들은 그 이후 이자율이 0%라 해도 대출을 받지 않고, 소비생활도 거의 하지 않는다. 일본 사회 깊숙이 뿌리 박힌 버블 붕괴에 따른 트라우마는 아직도 일본인들의 가슴에 남아 있다.

우리나라는 IMF와 외환위기가 있었지만, 일본처럼 버블에 의한 자산 가격 붕괴는 없었다. 우리나라는 개인의 수입능력과 담보물에 대한 가치 평가에 비례해 대출 금액을 제한하고 있다.

예를 들어 LTV(담보인정비율)=대출 금액/담보가치×100으로, 5억 원짜리 주택의 담보가치에 대해 LTV가 60%라면 최대 대출 가능 금액은 3억 원이다. 이처럼 우리나라는 대출에 따른 안정성을 확보하기 위해 금융규제를 촘촘히 하고 있다. 즉 부동산 가격에 버블이 생기기도 전에 이미 대출 총량제가 작동하고 있는 것이다.

한국의 부동산이 버블 상황이 아니라면 오히려 자신만의 공간을 빠르게 소유하는 것이 유리하다. 부동산을 투기가 아닌 관점에서 자신만의 공간을 소유하고 넓혀가는 투자는 나 자신도 모르게 높아가는 인플레이션을 방어하기 위한 최고의 수단이다. 일본의 잃어버린 30년을 통해 우리가 배울 점은 '부동산은 버블이다. 그래서 부동산은 위험하니 절대 소유하면 안 된다'가 아니라 인간은 누구나 탐욕적이기 때문에 그 욕심의 한계선을 넘지 않도록 조심해야 한다는 것이다.

우리나라는 담보물건에 대해 60%까지만 대출받을 수 있도록 엄격히 금융을 규제한다. 욕심의 한계선을 넘을 수 없다. 아무리 영끌에 영끌을 시도한다 해도 담보물건의 60%만 대출이 가능하다. 만일 영끌에 실패해 대출금을 갚지 못하고 파산해도, 대출금 60%를 제외한 40%는 내가 돌려받을 수 있는 현금이다. 더구나 2030 직장인들은 청년들을 위한 저금리 대출과 신혼 특공, 신생아대출 등의 주택 마련 제도를 인플레이션 상승률보다 싼 이자율로 이용할 수 있다. 만일 해당 조건이 되는 데도 이를 이용하지 않는다면 인플레이션 상승률만큼 손해를 보는 것이 된다.

그러므로 한국의 부동산 시장에서 2030 직장인들은 청약제도를 적극 활용하여 자신만의 공간을 가능한 한 빠르게 소유하는 것이 유리하다. 청약은 부양가족, 청약부금 기간 등 각자의 조건에 따라 점수가 차등 적용된다. 서울에서 최고 입지가 아닌 수도권 아파트 청약이라면 낮은 점수라도 당첨될 수 있다.

서울의 신축분양 아파트는 대부분 1차 청약에서 완판되지만, 수도권에서는 미분양 분량이 조금씩 남는다. 특히 18평 미만의 소형평형은 비선호 대상으로 경쟁률이 매우 낮아 대부분 사업장에서 10호실 정도는 남는다. 청약에 당첨되지 못하더라도 일반청약이 종료된 후 아파트 분양사무실에 직접 방문하면 미계약 물건 몇 개는 반드시 남아 있다. 소형 평수에서 주로 미분양이 많이 나오기 때문에 시행사는 소형 평수에 혜택을 많이 얹어 분양하기도 한다. 인테리어를 무상으로 지원해주거나 냉장고, 식기세척기 등 전자제품도 무상으로 제공하는 경우도 많다.

소형 평수에서만 누릴 수 있는 가장 큰 혜택은 중도금

무이자 조건이다. 조건에 맞는 청약자는 계약금만 가지고 신축아파트를 분양받을 수 있다. 청약자는 계약금 5천만 원만 가지고도 5억 원짜리 20평 이하의 아파트를 분양받을 수 있다. 계약금을 치르고 입주가 되는 3년 동안에는 돈이 필요하지 않다. 이만하면 1인 가구나 비혼인 2030 직장인에게 괜찮은 기회 아닌가?

공간 에너지가 운명을 바꾼다

N포에서 N-be로

초판 1쇄 인쇄 2025년 04월 05일
초판 1쇄 발행 2025년 04월 10일

지은이 한금택
펴낸곳 굿모닝미디어
펴낸이 이병훈

출판등록 1999년 9월 1일 등록번호 제10-1819호
주소 서울시 마포구 동교로50길 8, 201호
전화 02) 3141-8609
팩스 02) 6442-6185
전자우편 goodmanpb@naver.com

ISBN 978-89-89874-54-6 03320

• 책값은 뒤표지에 있습니다.
• 잘못된 책은 구입하신 서점에서 바꾸어 드립니다.